O PONTO
A QUE *Duzentos anos de atraso educacional e seu impacto nas políticas do presente*
CHEGAMOS

O PONTO A QUE CHEGAMOS

*Duzentos anos de atraso educacional
e seu impacto nas políticas do presente*

Antônio Gois

FGV EDITORA

Copyright © 2022 Antônio Gois

Direitos desta edição reservados à
FGV EDITORA
Rua Jornalista Orlando Dantas, 9
22231-010 | Rio de Janeiro, RJ | Brasil
Tel.: 21-3799-4427
editora@fgv.br | www.editora.fgv.br

Impresso no Brasil | *Printed in Brazil*

Todos os direitos reservados. A reprodução não autorizada desta publicação, no todo ou em parte, constitui violação do copyright (Lei nº 9.610/98).

Os conceitos emitidos neste livro são de inteira responsabilidade dos autores.

1ª edição – 2022; 1ª reimpressão – 2022; 2ª reimpressão – 2023.

Preparação de originais: Ronald Polito
Projeto gráfico de miolo e diagramação: Abreu's System
Revisão: Michele Mitie Sudoh
Capa: Ana Luisa Escorel

Dados Internacionais de Catalogação na Publicação (CIP)
Ficha catalográfica elaborada pelo Sistema de Bibliotecas/FGV

Gois, Antônio
    O ponto a que chegamos : duzentos anos de atraso educacional e seu impacto nas políticas do presente / Antônio Gois. – Rio de Janeiro : FGV Editora, 2022.
    208 p.

    Inclui bibliografia.
    ISBN: 978-65-5652-156-5

    1. Educação – Aspectos Políticos – Brasil. 2. Educação e Estado – Brasil – História. I. Fundação Getúlio Vargas. II. Título.

CDD – 379.81

Elaborada por Mariane Pantana Alabarce – CRB-7/6992

Para Débora, Francisco e Rosa

Sumário

Apresentação: A falsa prioridade 9
Luís Roberto Barroso

Introdução **21**

PARTE 1
DUZENTOS ANOS DE ATRASO EDUCACIONAL

Capítulo 1: Império 27

Capítulo 2: Primeira República 51

Capítulo 3: Estado Novo 63

Capítulo 4: Entre ditaduras 75

Capítulo 5: Ditadura militar 89

Capítulo 6: Redemocratização 105

PARTE 2
POLÍTICAS DO PRESENTE

Capítulo 7: Financiamento e qualidade 123

Capítulo 8: Analfabetismo 133

Capítulo 9: Professores 145

Capítulo 10: Repetência 157

Capítulo 11: Desigualdades 169

Considerações finais **181**

Referências **193**

Apresentação

A falsa prioridade

*Luís Roberto Barroso**

Meu grande projeto na vida sempre foi o de ser professor. Sobretudo um professor. Jamais me arrependi da escolha que fiz. Dou aula na Universidade do Estado do Rio de Janeiro (Uerj) há exatos 40 anos. A vida, generosamente, trouxe-me outras realizações, mas nenhuma se compara a essa. A educação constitui uma das minhas grandes aflições no Brasil, notadamente a educação básica. Essa é a única razão pela qual aceitei, imprudentemente, escrever esta apresentação. Nela faço breve resenha do trabalho de Antônio Gois e algumas reflexões sobre o tema — mas sinto-me no dever de sugerir ao leitor que salte diretamente para o livro e pule esta parte, que a ele não agrega valor. Trata-se apenas de um testemunho de apreço e admiração pela devoção com que o autor se dedica, há anos, infatigavelmente, a refletir e divulgar conhecimentos e informações sobre a educação no Brasil.

I. Uma nota pessoal

Estudei a maior parte da minha vida em escola pública, desde o jardim de infância até o vestibular. Meus pais até podiam pagar uma escola privada, mas havia uma dificuldade: os principais colégios

---

* Professor titular da Universidade do Estado do Rio de Janeiro (Uerj). Ministro do Supremo Tribunal Federal (STF).

particulares da época eram católicos. E eu sou filho de mãe judia e pai católico. Não tendo passado pelos ritos próprios da religião na minha infância, as escolas não me aceitariam nem minha mãe quereria. Por essa razão, tive de ir para escolas públicas e estudei no Cícero Pena (Jardim), na Escola Roma (Primário) e no Pedro Álvares Cabral (Ginásio). Tenho a lembrança de que eram colégios exemplares. Puxando pela memória, não me lembro de ter tido sequer um colega negro ao longo de todo o período. A escola pública era o domínio da classe média, naquela segunda metade dos anos 1960 e início dos anos 1970.

Essa foi a primeira lembrança que me veio à mente ao começar a ler o importante livro de Antônio Gois. Logo ao início, ele denuncia o erro grave de diagnóstico de que a escola pública era muito melhor antigamente. A escola pública nem pública era. Apropriada privadamente pelas elites, ela refletia apenas mais um capítulo da exclusão social brasileira. Neste pequeno grande livro, o autor conta uma história triste, de desigualdades, egoísmos, mediocridades, escolhas equivocadas e falsas prioridades. Por sorte, a história ainda não acabou; e gente como ele trabalha com afinco para que ela mude de curso e tenha final feliz. Assim será.

II. O autor e sua obra

Antônio Gois é uma dessas pessoas que vivem efetivamente o que pregam: no caso dele, transformou a educação em uma prioridade verdadeira na sua vida. Enquanto o país não faz isso, ele se dedica à missão de buscar diagnósticos corretos, projetos bem-sucedidos, pessoas que merecem ser ouvidas e soluções possíveis para os problemas educacionais brasileiros. Só o conheço pela leitura de seus artigos e livros, mas tenho a sensação de que somos próximos. Há

APRESENTAÇÃO

uma frase boa de Vinícius de Moraes em que ele diz: "A gente não faz amigos, a gente os reconhece." Creio ter sido o que se passou conosco. É verdade que eu já fui com boa vontade: Antônio teve a sorte grande na vida de ser filho de Ancelmo Gois, um dos mais renomados jornalistas do Brasil, querido e admirado por muitas gerações de leitores.

Não vou aqui detalhar a biografia do autor, mas apenas lembrar que ele já trabalhou nos principais meios de comunicação do país — inclusive *Folha de S.Paulo*, CBN e, atualmente, *O Globo* — e já recebeu os mais cobiçados prêmios do jornalismo brasileiro: Esso, Embratel, Folha, Undime e Andifes. Além disso, foi *fellow* em duas importantes universidades estrangeiras, Michigan e Columbia. Sempre voltado para a educação, Antônio Gois já publicou livros aclamados pelo público específico, como *Quatro décadas de gestão educacional no Brasil*, com depoimentos de ex-ministros da Educação desde o governo Figueiredo, e *Líderes na escola: o que fazem bons diretores e diretoras, e como os melhores sistemas educacionais do mundo os selecionam, formam e apoiam*. Num tempo em que as pessoas acham muita coisa sem nunca terem procurado, Antônio se destaca pelo conhecimento de causa e por sua dedicação à causa.

O ponto a que chegamos: duzentos anos de atraso educacional e seu impacto nas políticas do presente foi escrito em linguagem simples, acessível e elegante. Com base em dados e autores relevantes, Antônio Gois narra, na primeira parte da obra, a história da educação no Brasil, passando pelo Império, Primeira República, Estado Novo, Entre ditaduras, ditadura militar e redemocratização. Na segunda parte, a investigação se volta para as políticas do presente, equacionando, crítica e propositivamente, temas como financiamento, analfabetismo, melhora da qualidade, motivação de professores, repetência e desigualdades, entre outros. Tudo feito com paixão e realismo.

Ao percorrer as páginas bem pensadas e bem escritas do livro, o leitor fica sabendo de algumas das variadas causas do atraso educacional brasileiro, a começar pela principal delas: a desigualdade extrema existente entre nós desde as origens. As razões para os desequilíbrios sociais na América Latina e no Brasil são muitas e remontam ao modelo aristocrático de concessão de terras e ao regime de trabalho, fundado na escravização. A questão social brasileira não pode ser dissociada da questão racial. Como apontado no livro, negros, mesmo libertos, não tinham acesso à escola, fosse por "seleção natural" ou por proibição expressa.

A falta de recursos suficientes, adequados e bem geridos foi, também, causa relevante para nos reter na história. A ela se soma, como noticia Antônio, a má distribuição de competências entre o governo federal e os estados, com crônica omissão por parte da União. A descentralização, nessa matéria, ao contrário do ocorrido em outros países, não funcionou bem, por falta de recursos, de preparo e de visão. As oligarquias brasileiras nunca viram na educação o caminho para o progresso, mas apenas para a apropriação do Estado e a manutenção de privilégios. Esse passado que não quer passar vem de longe e é estigmatizado por diferentes autores. Darcy Ribeiro, em um texto intitulado "Sobre o óbvio", fornece um exemplo alegórico do caráter excludente das elites dominantes no Brasil. Narra, assim, um pedido veemente feito pela Vila de Itapetininga, em São Paulo, ao imperador Pedro II, para que lhes desse uma escola de alfabetização:

> E a queria com fervor, porque ali – argumentava – havia vários homens bons, paulistas de quatro e até quarenta costados, e nenhum deles podia servir na Câmara Municipal, porque não sabiam assinar o nome. Queria uma escola de alfabetização para fazer vereador, não uma escola para ensinar todo o povo a ler, escrever e contar. [...]

APRESENTAÇÃO

[Queria] capacitar a sua classe dominante sem nenhuma ideia de generalizar a educação.[1]

Em seu diagnóstico severo e necessário, Antônio Gois aponta outro fator que impactou a evolução da educação no Brasil: a descontinuidade das políticas públicas, disfunção que vem desde o Império. Legislação, modelos educacionais e pessoas são substituídos e alterados em profusão, com mudanças nos fins visados e nos meios utilizados para atingi-los. Foram raros os exemplos de permanência mais longa de ministros da Educação à frente de suas pastas, tendo sido as exceções Gustavo Capanema (1935-45), no Estado Novo, Paulo Renato (1995-2003), no governo Fernando Henrique, e Fernando Haddad (2005-12), nos governos Lula e Dilma. Entre 1985 e 1994, como apurou Antônio, foram oito ministros. Na última década, isto é, de 2012 para cá, o país já teve mais de uma dezena de ministros da Educação, todos com passagens fugazes e praticamente nenhuma formação adequada em políticas educacionais.

A comparação com outros países não é animadora. Na Prússia, hoje integrada à Alemanha, desde o início do século XVIII Frederico Guilherme I determinou a obrigatoriedade do ensino elementar em todo o reino. Nos Estados Unidos, desde o início do século XIX, os estados do Norte impunham a oferta de educação pública e gratuita, alcançando percentuais elevados de alfabetização da população. Entre nós, o ensino fundamental só veio a ser universalizado, no papel, nos anos 1970 do século passado e, no mundo real, nos anos 1990. E a universalização do ensino médio ainda não foi concluída, apesar da determinação que vem desde 2009. No tocante a investimentos, em 1983 o Brasil aplicava 2,8%

---

1 Darcy Ribeiro, Sobre o óbvio. *Encontros com a Civilização Brasileira*, v. 1, 1978, p. 9.

do PIB em educação, quando a Coreia aplicava 7,7%. Sem surpresa, o PIB *per capita* do Brasil em 1960 era 2,5 vezes o da Coreia e, hoje, é de 1/3. Na corrida da educação, ficamos atrás, inclusive, de nossos vizinhos latino-americanos, como México, Argentina, Chile, Costa Rica e Uruguai.

Não é o caso de se prosseguir destacando os múltiplos pontos altos do livro, com dados que documentam nosso atraso histórico e o registro de alguns avanços importantes, que não devemos tratar com desimportância. São muitos os *insights* e as informações que iluminam o conhecimento do leitor, como o aumento da escolaridade após a redemocratização, as consequências negativas da repetência e a constatação importantíssima que merece ser destacada, porque essencial para compreender o processo educacional e seu impacto sobre as novas gerações: "[A] falta de investimento no passado gera um custo que é transmitido para as gerações seguintes, pois [...] a escolaridade e renda dos pais são os principais fatores a explicar o desempenho das crianças em sala de aula."

III. Breve reflexão final sobre o tema

Em homenagem ao autor e inspirado por ele, compartilho algumas das minhas próprias reflexões sobre o tema, todas alinhadas com as ideias deste livro. Apesar das declarações tonitruantes, a educação básica no Brasil não tem sido tratada como prioridade verdadeira. Com exceção da permanência mais prolongada de Paulo Renato e Fernando Haddad — períodos em que houve efetivo avanço —, ministros têm se sucedido segundo a lógica do varejo político. Nos dias em que escrevo estas linhas, início de abril de 2022, o último ministro da Educação veio a ser exonerado, em meio a um escândalo envolvendo favorecimentos, pastores e bíblias. Trata-se do terceiro ministro a cair no mesmo governo, o que apenas confirma a tese da descontinuidade. Não há política pública que resista a esse tipo de fragmentação. O país precisa de um plano estratégico, suprapartidário, de curto, médio e longo prazos, que não esteja à mercê dos prazos e das circunstâncias eleitorais.

Como visto, a universalização da educação básica no Brasil se deu com grande atraso, um século depois dos EUA. Elites extrativistas e autorreferentes adiaram, ao longo de quase todo o século XX, a democratização do acesso ao ensino público. Nas últimas décadas, porém, houve um inegável processo de inclusão. Os problemas, todavia, ainda são dramáticos: a escolaridade média é de 7,8 anos, inferior à média do Mercosul (8,6 anos) e dos Brics (8,8 anos). Cerca de 11 milhões de jovens entre 19 e 25 anos não estudam nem trabalham, apelidados de "nem nem". Alguns dos grandes problemas da educação básica no Brasil são:

(i) *Não alfabetização da criança na idade certa*. De acordo com a Base Nacional Comum Curricular, a alfabetização deve se dar, desde 2020, no 2º ano do ensino fundamental. Em larga proporção, isso não ocorre. Problemas associados a não alfabetização são os altos índices de reprovação e a defasagem idade/série;

(ii) *Evasão escolar no ensino médio*. Existem 8,3 milhões de jovens entre 15 e 17 anos. Cerca de 2 milhões deles (1/4 do total) estão fora do ensino médio, 1,6 milhão estão atrasados no ensino fundamental e 400 mil abandonaram os estudos. Isso impacta a renda, a produtividade e as opções de emprego dessas pessoas, além de aumentar o risco de violência e cooptação pela criminalidade. A necessidade de trabalhar e a falta de atratividade de currículos defasados são apontadas como principais causas; e

O PONTO A QUE CHEGAMOS

(iii) *Déficit de aprendizado.* Problema gravíssimo é detectado pelos sistemas de avaliação nacionais e estrangeiros: o jovem conclui o ensino fundamental e o ensino médio sem ter aprendido fundamentos básicos de linguagem, ciência e matemática. Estamos no fim da fila no Pisa, prova organizada pela OCDE para aferir o nível de aprendizado de jovens de 15 anos. O fato revela os críticos problemas de qualidade do ensino, a ponto de que mais escolaridade não tem significado aumento na produtividade. Sem mencionar o analfabetismo funcional, que identifica os indivíduos incapazes de interpretar textos simples ou de fazer operações matemáticas elementares.

Não existe bala de prata em matéria de educação, como anotou Antônio Gois. É preciso um plano estratégico, suprapartidário, com objetivos de curto, médio e longo prazos bem definidos e perseguidos com políticas públicas consistentes e constantes. A seguir, três ideias — em meio a muitas —, alinhadas com o pensamento de Antônio Gois, que constituem consensos importantes nessa matéria:

(i) *Atração e capacitação de Professores.* Este é um dos pontos nevrálgicos da educação básica no Brasil: a pouca atratividade da carreira do magistério. Há problemas de valorização institucional e, consequentemente, dificuldade de atrair valores para seus quadros. Sem desmerecer a dedicação e o talento de muitos professores vocacionados e abnegados, os dados demonstram que, nos últimos tempos, os cursos de pedagogia são escolhidos pelos que têm rendimento abaixo da média no Enem. Há problemas de formação de professores, de condições de trabalho, de infraestrutura das escolas e limitações quanto à remuneração. É preciso tratar o magistério como uma das profissões mais importantes do país, elevar a capacitação dos professores e aumentar a atratividade da carreira, com incentivos de naturezas diversas.

(ii) *Escola em tempo integral.* A ampliação do tempo de permanência na escola de cinco para oito horas é providência reconhecida como decisiva para o avanço da educação básica. Naturalmente, é necessário atentar para a qualidade desse tempo extra, com medidas curriculares e extracurriculares. Os estados da Federação que adotaram programas de escolas em tempo integral, como Espírito Santo e Pernambuco, destacaram-se nos resultados do Índice de Desenvolvimento da Educação Básica (Ideb). De acordo com dados do Instituto Nacional de Estudos e Pesquisas Educacionais Anísio Teixeira (Inep), apenas 10% dos alunos dos ensinos fundamental e médio estudam em tempo integral em 2021.

(iii) *Ênfase na educação infantil.* Documentos do Banco Mundial e pesquisadores reconhecidos internacionalmente atestam que o principal investimento a ser feito em educação básica é a partir das primeiras semanas de vida da criança. Nessa fase, o cérebro é uma esponja que absorve todas as informações que lhe são transmitidas. Esse é o momento de se assegurar que a criança receba nutrição adequada, afeto, respeito, valores e conhecimentos básicos. Embora o papel da família seja determinante, o fato é que, em um país como o Brasil, com tantos lares desfeitos, a escola precisa, em um percentual bastante relevante, suprir demandas que muitas vezes a criança não terá atendidas em casa. Mas as creches têm que ser de qualidade, quer nos seus professores, quer nas condições mínimas de infraestrutura. Pesquisas demonstram que boas creches contribuem de maneira significativa para o desenvolvimento do potencial das crianças, enquanto creches de má qualidade possuem, inclusive, efeitos contraproducentes.

Uma observação final: também existe consenso entre os especialistas — e comprovações empíricas mundo afora — de que a mera injeção de recursos, sem aprimoramento da gestão, sem projetos concretos e consistentes, não é capaz de trazer resultados significativos.

IV. Conclusão

Saio finalmente do caminho. A expansão, qualificação e evolução da educação básica são os únicos caminhos para a prosperidade dos povos e a emancipação das pessoas. A deficiência na educação básica tem como consequência vidas menos iluminadas, trabalhadores menos produtivos e elites intelectuais menos preparadas para pensar soluções para os problemas nacionais. A importância da educação avulta, exponencialmente, na era da Revolução Tecnológica, com a economia do conhecimento e da inovação rompendo fronteiras. Vivemos o admirável mundo novo da tecnologia da informação, da biotecnologia, da nanotecnologia, da impressão em 3D, da computação quântica, dos carros autônomos e da internet das coisas. Um tempo em que o aprendizado deve ultrapassar os conhecimentos convencionais para incluir, além da gramática e da matemática, como aponta o livro, pensamento crítico, capacidade de resolver problemas complexos e criatividade.

Para superar o atraso que nos reteve na história, a educação precisa ser, verdadeiramente — e não retoricamente —, uma real prioridade. Antônio Gois nos oferece, em relato objetivo e preciso, um inventário dos desacertos do passado, das dificuldades do presente e acende algumas luzes para um futuro mais promissor. Para quem queira se juntar, com informação de qualidade e reflexões pertinentes, ao movimento crescente que vê na educação o único caminho possível para o florescimento do país, este livro oferece um excelente conjunto de diagnósticos, ideias e sugestões. Tive o privilégio de lê-lo em primeira mão, com prazer e proveito.

Brasília, 3 de abril de 2022

Introdução

A ideia deste livro surgiu inicialmente do incômodo ao perceber que sensos comuns equivocados a respeito do passado educacional brasileiro não eram restritos a conversas informais ou almoços de família. Estavam também influenciando políticas públicas do presente, baseados no falso mito de que o sistema escolar de antigamente tinha mais qualidade.

Em entrevista realizada em abril de 2021, por exemplo, o terceiro ministro da Educação do governo Bolsonaro, Milton Ribeiro, ao falar das políticas da pasta, afirmou que a escola pública de sua época era referência de qualidade porque "só passava do primeiro para o segundo ano o aluno alfabetizado" e que as "coisas mudaram e nós queremos retomar essa qualidade do ensino público".[2]

A imprecisão no diagnóstico ou mesmo a falta de conhecimento mais profundo sobre as causas do atraso histórico do Brasil na educação não se restringe ao campo conservador. Aparece também, em maior ou menor grau, em falas de políticos de variados matizes ideológicos em temas como a repetência, o analfabetismo ou o financiamento público.

Como veremos, há farta evidência de que o sistema educacional do passado era, na verdade, uma grande máquina de exclusão em

---

[2] Entrevista concedida ao programa *Canal Livre*, da TV Bandeirantes, em 19 de abril de 2021. Disponível em: www.youtube.com/watch?v=fOf3iDxXGc4. Acesso: 31 mar. 2022.

massa, que, ao longo de todo o século XX, abusava do expediente da repetência sem que isso resultasse em melhor qualidade. Esta constatação não necessariamente contradiz a memória individual daqueles que porventura lembram do seu tempo de escola com satisfação. Algumas poucas ilhas de excelência existiam, e continuam existindo. O argumento central é que, como sistema, nunca tivemos educação de qualidade.

O bicentenário da Independência, em 2022, trouxe um incentivo adicional para tratar deste tema investigando raízes profundas do nosso atraso. Esse olhar mais amplo permite identificar que boa parte dos resultados verificados até hoje carrega o peso de práticas e decisões equivocadas no passado. Apesar de alguns avanços recentes, pode-se concluir que a extrema desigualdade em nosso ponto de partida como nação é elemento-chave para entender por que educação nunca foi, na prática, prioridade das elites dirigentes.

Disseminar esse conhecimento para um público mais amplo é parte importante do esforço para evitar que propostas simplórias ou diagnósticos equivocados continuem a seduzir uma parcela significativa da opinião pública. Neste sentido, meu trabalho como jornalista especializado em educação foi facilitado pelo fato de um número expressivo de autores já ter estudado e publicado obras de referência sobre a história da educação e as causas de nosso atraso no setor. Procurei citar todos nos quais me baseei para construir os argumentos deste livro, e recomendo a quem quiser se aprofundar no assunto a leitura desses trabalhos originais.

Ao longo do processo, pude contar com a generosa ajuda de especialistas que contribuíram com algumas orientações e indicações de leitura. Agradeço, portanto, a Carlos Roberto Jamil Cury, Célio da Cunha, Cláudio Ferraz, Fernando Abrucio, Jorge Werthein, Renato Colistete, Romualdo Portela e Thomas Kang. Eles não têm nenhuma responsabilidade por meus erros, mas certamente contribuíram para os acertos. Devo também agradecimentos ao ministro Luís Roberto Barroso, por ter aceitado fazer um texto de introdução a este livro, e a Mario Kanno, craque da infografia, pelos gráficos desta publicação.

Este livro está dividido em duas partes. A primeira aborda como, desde a Independência, foi sendo construído nosso atraso histórico. A segunda analisa alguns tópicos do atual debate público à luz desse passado, sem a pretensão de esgotar todos os temas relevantes que merecem ser aprofundados em discussões de alto nível sobre o que fazer para darmos o tão desejado salto de qualidade na educação pública.

PARTE 1
Duzentos anos de atraso educacional

Capítulo 1

Império

Cidadãos de todas as classes, mocidade brasileira, vós tereis um código de instrução pública nacional, que fará germinar e vegetar viçosamente os talentos deste clima abençoado, e colocará a nossa Constituição debaixo da salvaguarda das gerações futuras, transmitindo a toda a nação uma educação liberal, que comunique aos seus membros a instrução necessária para promoverem a felicidade do grande Todo Brasileiro.[3]

A promessa foi feita em 1º de agosto de 1822, às vésperas da data oficial da Independência do Brasil, em carta assinada por d. Pedro I. Considerando o que hoje é entendido como educação de qualidade para todos, certamente nunca foi cumprida. Mesmo à luz do contexto histórico e utilizando os indicadores mais rudimentares, como a taxa de alfabetização da população adulta, podemos dizer que ela segue inconclusa após 200 anos.

Como veremos ao longo deste livro, o problema principal nunca foi ausência de diagnóstico ou de vozes influentes que alertassem para a necessidade de investir na educação de todos. No entanto, do discurso à prática, as questões do ensino público eram, de forma recorrente, relegadas a segundo plano.

---

3 Manifesto de sua alteza real, o príncipe regente constitucional e defensor perpétuo do Reino do Brasil aos povos deste reino. Disponível em: https://digital.bbm.usp.br/handle/bbm/7052. Acesso em: 31 mar. 2022.

O PONTO A QUE CHEGAMOS

Antes de nos aprofundarmos nas causas desse atraso a partir da Independência, é preciso contextualizar o quadro da educação até então. Desde a chegada dos jesuítas, em 1549, até as reformas modernizantes do marquês de Pombal, em 1759, esse grupo religioso deteve o monopólio da instrução pública[4] no país. Os colégios fundados por eles — cerca de 100 no momento de sua expulsão (Ghiraldelli Jr., 2005:30) — tinham como função principal a formação de religiosos. Mas, como eram os únicos existentes no país, atraíam também os filhos da elite que buscavam o acesso às universidades europeias, especialmente a de Coimbra.

Como explica Paulo Ghiraldelli Jr. (2005),

> sob os jesuítas, na prática, o que ocorreu foi que o ensino das primeiras letras ficou sob o encargo das famílias, na sua maior parte. As mais ricas optaram ou por pagar um preceptor ou por colocar o ensino de suas crianças sob os auspícios de um parente mais letrado, de modo que os estabelecimentos dos jesuítas, quanto ao atendimento dos brancos e não muito pobres, se especializaram menos na educação infantil que na educação de jovens já basicamente instruídos.

A expulsão dos jesuítas em 1759 veio no contexto de reformas iluministas que ganhavam força na Europa, mas, na prática, muito pouco mudou no quadro geral da educação brasileira. Somente em 1772 a Coroa portuguesa regulamentou os estatutos da instrução primária no reino e em suas colônias. As escolas jesuítas foram

---

[4] Segundo Demerval Saviani (2017), em *O legado educacional do século XX no Brasil*, "se o ensino ministrado pelos jesuítas podia ser considerado como público por ser mantido com recursos públicos e pelo seu caráter de ensino coletivo, ele não preenchia os demais critérios, já que as condições tanto materiais como pedagógicas, isto é, os prédios assim como sua infraestrutura, os agentes, as diretrizes pedagógicas, os componentes curriculares, as normas disciplinares e os mecanismos de avaliação se encontravam sob controle da ordem dos jesuítas, portanto, sob domínio privado".

substituídas por um sistema de "aulas régias", ministradas pelos que recebiam autorização do Estado para assumirem a função de professores. Valnir Chagas, em *Educação brasileira: o ensino de 1º e 2º graus: antes, agora e depois?*, assim descreve as condições de trabalho docente na época:

> Pior é que, para substituir a monolítica organização da Companhia de Jesus, algo tão fluido se concebeu que, em última análise, nenhum sistema passou a existir. [...] Cada aula régia constituía uma unidade de ensino, com professor único, instalada para determinada disciplina. Era autônoma e isolada, pois não se articulava com outras nem pertencia a escola alguma, nem mesmo a nenhum plano geral. Não havia currículo, no sentido de um conjunto de estudos ordenados e hierarquizados [...]. O aluno se matriculava em tantas "aulas" quantas fossem as disciplinas que desejasse. Para agravar esse quadro, os professores eram geralmente de baixo nível, porque improvisados e mal pagos, em contraste com o magistério dos jesuítas, cujo preparo chegava ao requinte. Nomeados em regra por indicação ou sob concordância de bispos, tornavam-se "proprietários" das respectivas aulas régias que lhes eram atribuídas, vitaliciamente, como sesmarias ou títulos de nobreza.[5]

Se a situação da instrução primária e secundária no Brasil era desoladora no período colonial, pior ainda era o ensino superior, pois, ao contrário do que aconteceu em colônias espanholas na América do Sul, este simplesmente não existiu até a chegada ao país, em 1808, da família real, em fuga das guerras napoleônicas na Europa. A primeira universidade da região surgiu no Peru em 1551. Em seguida, outras foram criadas na Colômbia (1580), Argentina (1613) e Chile (1622). Foi somente a partir desta data que os pri-

---

5 Destaque da frase de Valnir Chagas feita por Marcílio (2005:21).

meiros cursos foram criados, com o objetivo primeiro de atender às necessidades da Corte, momentaneamente sediada no Brasil.

O quadro da educação do Brasil no início do século XIX já era de atraso, mas a organização de um sistema público de educação — mantido com recursos estatais, obrigatório e gratuito a todas as crianças — estava ainda longe de ser uma realidade disseminada pelo mundo.

O pioneirismo nessa matéria é atribuído à Prússia, predominantemente protestante, hoje parte do território alemão. Já em 1612, conforme destaca Maria Luiza Marcílio em *História da escola em São Paulo e no Brasil*, o ducado de Weimar ordenou que toda criança de 6 a 12 anos deveria estar na escola. Em 1717, Frederico Guilherme I decretou a obrigatoriedade do ensino elementar em todo o reino e, em 1763, Frederico II, o Grande, "secularizou de vez a educação, separando-a da Igreja e instituindo a obrigatoriedade escolar universal e uniforme, para crianças entre 5 e 13 anos" (Marcílio, 2005:8).

A tese da escolarização universal ganhou força a partir da segunda metade do século XVIII, período marcado por grandes transformações, como a Revolução Industrial na Inglaterra (a partir da década de 1760), a Independência dos Estados Unidos (1776) e a Revolução Francesa (1789). Eram variados os argumentos em sua defesa. Entre eles estava a contribuição que poderia dar ao desenvolvimento econômico, à construção de uma identidade nacional acima de influências religiosas, ou à paz social.

Vinicius Müller, em *Educação básica, financiamento e autonomia regional*, chama a atenção para o fato de que até mesmo "autores que entraram para a história do pensamento econômico como defensores da não interferência e participação estatal no funcionamento da economia" saíram em defesa de um sistema educacional estatal. Diz ele: "Do modo que defendia Adam Smith (1723-1790), ainda no século XVIII, a educação escolar era o caminho para a superação das superstições por parte da população ignorante e crédula. Só assim elas superariam sua ignorância e entenderiam (e obedecer-lhes-iam) as leis do país" (Müller, 2017:29, 30).

Em *História inacabada do analfabetismo no Brasil*, Alceu Ravanello Ferraro (2019) argumenta que havia correntes distintas do liberalismo nesse debate. Ele destaca três pensadores de grande influência, com visões diferentes sobre as razões de ampliar a instrução pública: Bernard Mandeville (1670-1733), o já citado Adam Smith e o marquês de Condorcet (1743-94).

Mandeville, holandês radicado na Inglaterra, é expoente da posição mais retrógrada, por sua defesa da limitação do acesso à educação.

> O bem-estar e a felicidade de todo Estado ou reino exigem que os conhecimentos da classe pobre trabalhadora se limitem à esfera de suas ocupações e que nunca se estendam (no que se refere às coisas visíveis) para além do que se relaciona com a sua profissão. [apud Ferraro, 2019:39]

Adam Smith, mais importante teórico do liberalismo econômico, destacava a necessidade de formação de uma mão de obra qualificada para o trabalho.

> Embora a gente comum não possa em qualquer sociedade civilizada ter tão boa instrução como as pessoas de posição e fortuna, contudo as partes fundamentais da educação — ler, escrever e contar — devem ser cedo adquiridas na vida das pessoas, de tal modo que a grande parte até das pessoas que se destinam às ocupações mais inferiores tenham tempo de as adquirir antes que tenham de se empregar nessas ocupações. [apud Ferraro, 2019:40]

Por fim, o filósofo e matemático francês Condorcet representa, segundo Ferraro, a posição liberal mais progressista entre os três.

Mostraremos que, por uma escolha feliz [...], pode se instruir a massa inteira de um povo com tudo aquilo que cada homem precisa saber para a economia doméstica, para a administração de seus negócios, para o livre desenvolvimento de sua indústria e de suas faculdades; para conhecer seus direitos e exercê-los; para ser instruído sobre seus deveres, para poder cumpri-los bem; para julgar suas ações e aquelas dos outros segundo suas próprias luzes, e não ser alheio a nenhum dos sentimentos elevados ou delicados que honram a natureza humana. [apud Ferraro, 2019:41]

Esses destaques são importantes para contextualizar um trecho da frase inicial deste capítulo, de d. Pedro I, que fala em transmitir "a toda a nação uma educação liberal". Como vimos, havia diversas maneiras de se entender o liberalismo já naquela época. Qual teria sido o entendimento das elites envolvidas na Independência? Ferraro responde: "Como esperar que um país agrário, latifundiário, que teimosamente se mantinha escravocrata, pudesse ir além de Mandeville?" (Ferraro, 2019:42).

José Gonçalves Gondra e Alessandra Schueler também percebem, no livro *Educação, poder e sociedade no Império brasileiro*, essa mesma característica:

Muitos dos defensores da liberdade eram brancos e proprietários, inclusive de escravos, como era o caso de Tiradentes [...]. Para estes, o modelo deveria ser de uma monarquia constitucional que preservasse os seus privilégios como, por exemplo, as propriedades e o regime de trabalho escravo. Salvo exceções, a ideia de República ainda não havia seduzido os que ousavam se insurgir contra o regime colonial, menos ainda a ideia de fim da escravidão. E este foi o modelo de Estado implantado no Brasil: uma monarquia constitucional, regida por homens brancos, com a manutenção do trabalho escravo. [Gondra e Schueler, 2008:46]

Aqui cabe outra contextualização importante do trecho da carta de d. Pedro I aos brasileiros. Lida de forma anacrônica, a referência aos "cidadãos de todas as classes" poderia levar a uma falsa interpretação de que as promessas de uma educação liberal abrangeriam toda a população residente no território brasileiro. A primeira Constituição brasileira, de 1824, foi omissa em relação aos escravizados, mas a prática e até mesmo as leis que vigoraram no período imperial tratariam de deixar nítido que o conceito de cidadania na época não se aplicava plenamente a essa população ou aos povos indígenas. O liberalismo à brasileira, portanto, era bastante peculiar, e conviveria por quase todo o século com essa contradição entre sua Constituição e a prática do trabalho escravo.

Até a abolição da escravatura, os negros brasileiros — mesmo os libertos — conviveram com restrições no acesso à escola, de ordem prática ou legal. Algumas províncias deixaram bem explícito a quem era negado o direito à escola. No Rio de Janeiro, por exemplo, o regulamento de 1º de setembro de 1847 citava "os que padecem de moléstias contagiosas, os escravos e os pretos africanos, sejam libertos ou livres". Mesmo teor tinha, no Rio Grande do Sul, a Lei nº 14 da instrução primária, de 1837 (Santos e Barros, 2012). Ou seja, nem mesmo a liberdade era garantia de direito à escola para essa população.

Essas e outras limitações mais ou menos explícitas no ordenamento jurídico no Império não significam que todos os negros, escravizados ou não, tiveram acesso negado à escola. Alguns historiadores têm destacado em suas pesquisas mais recentes registros de escolas onde essa população era aceita. Esses casos, porém,

O PONTO A QUE CHEGAMOS

não permitem afirmar que, em geral, havia acesso igualitário à instrução primária, como evidenciam até hoje os indicadores de desigualdade racial.[6]

Primeiras leis da educação

A escravidão é parte importantíssima da explicação para o atraso histórico brasileiro na educação, mas não a única. Outro fator apontado pelos educadores e historiadores e que pode ser identificado desde os primeiros anos de Independência foi o desequilíbrio entre os recursos financeiros, as necessidades da população e a divisão de responsabilidades educacionais entre o governo central e as províncias.

A primeira Constituição do Brasil independente, outorgada em 1824, estabelecia em seu artigo 179 que a instrução primária seria gratuita a todos os cidadãos. Começa aqui uma longa tradição nacional de leis abrangentes em seus objetivos educacionais, mas sem condições reais de implementação na prática.

Um primeiro fator importante a ser considerado nesta análise era o grave quadro das contas públicas do país no momento da Independência. As guerras napoleônicas haviam obrigado Portugal a aumentar seus gastos com defesa para além do que o orçamento permitia. Somou-se a isso o custo com a adaptação da Corte ao Brasil e decisões equivocadas de d. João VI, como abrir uma frente de batalha — e, portanto, de mais gastos — na tentativa logo frustrada de anexar a região da Cisplatina (hoje Uruguai) ao território brasileiro. Tudo isso agravou o equilíbrio financeiro já precário, gerou inflação, desabastecimento, atraso em pagamentos

---

6 Para uma leitura mais aprofundada sobre essa historiografia, consultar Gondra e Schueler (2008:220-225).

de servidores públicos e, obviamente, grande insatisfação popular. A Independência reorganizou o cenário político, mas não foi capaz de alterar substancialmente o quadro de crise econômica.[7]

Ou seja, por mais ousadas que fossem algumas das proposições para a educação feitas nos primeiros anos de Independência, elas logo teriam que enfrentar, entre outros percalços, o duro choque de realidade em relação à capacidade financeira do Estado.

O arcabouço de uma legislação educacional no Brasil independente veio com a Lei Geral de 1827, promulgada em 15 de outubro (data em que, hoje, se comemora o Dia do Professor). Foi a primeira tentativa de regular a carreira docente, currículos e até os métodos de ensino a serem utilizados em todo o Império. Sobre este último aspecto, a aposta feita pelas autoridades para conseguir ampliar o acesso à instrução sem comprometer demasiadamente os recursos públicos foi a adoção do método lancasteriano, também conhecido como ensino mútuo, que teve origem na Inglaterra e estava sendo utilizado em outros países europeus e nos Estados Unidos.

Conforme descreve Maria Helena Câmara Bastos no livro *Histórias e memórias da educação no Brasil*, até o início do século XIX, era muito comum que o ensino fosse individualizado. Mesmo quando um professor atendia simultaneamente a um grupo de alunos numa sala, a atenção era personalizada, pois, enquanto o mestre dedicava tempo a ensinar uma criança, as demais permaneciam em silêncio, aguardando sua vez de interagir. Na prática, cada estudante recebia poucos minutos de atenção e eram necessários métodos coercitivos para manter a disciplina (Bastos, 2005: v. II, p. 34).

---

[7] Rafael Cariello e Thales Zamberlan Pereira (2021) relatam no artigo "A crise inaugural" como esse quadro de insatisfação generalizada é parte importante da explicação para a Independência do Brasil.

O método desenvolvido pelo pedagogo inglês Joseph Lancaster (1778-1838) trazia a promessa de otimizar esse tempo com a utilização de alunos monitores, que receberiam orientação do mestre e a repassariam para grupos de estudantes divididos na sala. Mas, na prática, a julgar pelas reclamações que começaram logo a surgir pelas províncias, foi um desastre. A convivência de um número maior de alunos em sala de aula exigia uma disciplina rígida. Faltavam prédios escolares e materiais didáticos adequados. Sem falar na formação precária e nos baixos salários dos professores. E, mesmo em países com mais recursos à época, o saldo do método lancasteriano foi negativo (Cain e Laats, 2021:8-13).

Em seguida à Lei de 15 de outubro de 1827, outra legislação dos primeiros anos da Independência trouxe profundas marcas no cenário educacional, com consequências que perduram até hoje. Trata-se do Ato Adicional à Constituição de 1834, que repassou às províncias a responsabilidade por manter e legislar sobre a instrução pública, com exceção dos cursos de nível superior, que continuaram sob responsabilidade legal do governo central. Na prática, a lei delegou às províncias a responsabilidade por manter as chamadas escolas de primeiras letras, que hoje fariam parte dos primeiros anos do atual ensino fundamental no Brasil.

Dar mais autonomia a entes federativos mais próximos da população na ponta, em tese, não é um problema. Como veremos mais adiante, essa é uma das razões que explica o maior desenvolvimento educacional de algumas nações no século XIX. O problema é quando essa autonomia é dada sem que esses mesmos entes tenham condições técnicas e financeiras de responder a um desafio tão importante.

E foi exatamente isso o que aconteceu, como resume Carlos Roberto Jamil Cury:

O Ato adicional de 1834 descentraliza para as províncias, pobres em recursos e escassas em autonomia, o encargo das primeiras letras. Ora, como construir a riqueza da nação em bases diferentes das do regime colonial se são os elos mais pobres (províncias) que deveriam se ocupar com o que era, no discurso, considerado importante? Claro sinal do caráter desimportante que nossas elites atribuíam à oferta da educação escolar. Aliás, nasce aí o jogo de empurra-empurra entre província e Império e, após a República, poder federal e poder estadual e/ou municipal, na distribuição das competências relativas ao atendimento dos diferentes níveis de ensino. [Cury, 2000:572]

Descontinuidade

Dinheiro é parte importantíssima da explicação de nosso atraso. Mas não explica tudo. Outra questão que historiadores da educação apontam com frequência é a descontinuidade das políticas públicas. Isso pode ser percebido desde os tempos do Império, por exemplo, na análise das estratégias de formação de professores.

A primeira metade do século XIX ficou marcada no Brasil pela criação das primeiras Escolas Normais (no sentido de que ensinariam aos futuros professores as normas do ofício). Era uma tentativa de substituir um modelo basicamente artesanal: docentes eram contratados a partir de atestados de moralidade e de exames rudimentares para avaliar se eram minimamente proficientes naquilo que ensinariam. As escolas normais substituiriam esse modelo por uma formação mais "científica" e profissional.

O diagnóstico estava correto, e, nesta matéria, pode-se dizer que o Brasil foi pioneiro na América Latina. No entanto, conforme afirma Heloísa Villela no artigo "O mestre-escola e a professora", "apesar do pioneirismo, durante todo o século XIX esse tipo de formação se caracterizaria por um ritmo alternado de avanços e retrocessos, de infindáveis reformas, criações e extinções de escolas normais" (Villela, 2011:101).

Villela destaca que esses estabelecimentos surgem no Brasil num momento de desgaste das propostas liberais. Um exemplo de como esse cenário político influenciou as estratégias educacionais pode ser constatado na criação da primeira Escola Normal do país, em 1835, na cidade de Niterói, então capital da província fluminense. A preocupação do grupo político conservador (representantes do que se chamava na época de Saquaremas) que governava aquela província era basicamente de ordem moral. Era comum nos discursos conservadores a ideia de que um dos principais objetivos da instrução era evitar a criminalidade e manter a ordem pública (ou abrir mais escolas para fechar prisões).

Na análise que faz dos artigos que estabeleciam as regras para ingresso na Escola Normal de Niterói, a autora identifica que as exigências feitas aos candidatos de ordem moral (ter boa morigeração, nos termos da época) eram muito mais rígidas do que as de conhecimento (basicamente, saber ler e escrever), característica que era encontrada também em outras experiências pioneiras pelo país, em províncias como Bahia, São Paulo e Minas Gerais, na primeira metade do século XIX.

O modelo de formação em Escolas Normais, porém, logo viria a ser criticado, entre outras razões, por causa de seu elevado custo. Como afirmam Paula Perin Vicentini e Rosario Genta Lugli em *História da profissão docente no brasil: representações em disputa*,

> Essas escolas foram abertas por opção dos dirigentes de cada estado e estavam condicionadas à disponibilidade de verbas, sempre escassas [...]. Em parte, a precariedade da estrutura fez como que esse tipo de ensino tivesse, durante muito tempo, uma existência incerta, atraindo

alunos (ainda não eram admitidas mulheres) em número insuficiente para manter-se em atividade. [Vicentini e Lugli, 2009:32]

Por isso, segundo as autoras, eram frequentes as notícias de fechamento dos poucos estabelecimentos existentes no país.

A tentativa — infrutífera — de substituir o modelo artesanal de formação de professores por uma estrutura mais profissional sofreria outro duro golpe com a aprovação da chamada Reforma Couto Ferraz, de 1854. Ela se referia ao município da Corte (na época, o Rio de Janeiro), mas teve grande influência em todas as províncias. Em resumo, estabelecia que os professores poderiam ser recrutados entre os alunos das escolas primárias que apresentassem bom rendimento escolar e correspondessem às normas (de novo elas) de comportamento da época. Era um caminho muito mais acessível aos candidatos à carreira docente e bem mais barato aos cofres públicos.

Além da formação, os formatos de seleção e a remuneração docente eram também elementos a explicar a precariedade da instrução pública. Sobre salários, abundavam as queixas, por parte dos professores e dos responsáveis pela contratação de mestres, sobre a baixa atratividade das vagas oferecidas. Adjetivos como "ordenados diminutos", "mesquinhos salários", "tênues recursos" são encontrados durante todo o período imperial (Gondra, 2008:56, 83). Em 1864, relatório sobre a Instrução Pública na Província de São Paulo destacava que "nossos mestres são o alvo do menosprezo, os párias na sociedade dos empregados públicos" (apud Marcílio, 2005:72).

Em relação às práticas de seleção desses profissionais, também eram constantes os relatos de relações clientelistas, uma característica que marcaria também em parte o século XX, conforme veremos mais adiante. Heloísa Villela (2005), ao analisar documentos sobre a seleção de professores no Rio de Janeiro na segunda metade do século, identifica cartas direcionadas à Diretoria de Instrução com pedidos — muitas vezes obtidos — de interferência em processos de seleção, com argumentos que em nada ou pouco se relacionavam com a capacidade técnica do candidato, como apelos em relação à situação financeira dos pretendentes.

A prática não se restringia ao Rio de Janeiro. "A província de Pernambuco [...] não pode oferecer espetáculo repugnante da distribuição de cadeiras do ensino primário por pessoas que fogem à prova de habilitação e recorrem a leis de favor e de exceção que não se justificam por conveniência pública", lamentava, num relatório de 1882, o Instrutor Geral da Província de Pernambuco, João Barbalho Cavalcanti (apud Müller, 2017:111).

Em resumo, os recursos para garantir uma educação de qualidade para todos (mesmo considerando o conceito restritivo de "todos" na época) eram escassos, mas a falta de planejamento e de coerência nas políticas, além de práticas que privilegiavam interesses privados, já eram elementos que limitavam a expansão e a qualidade da instrução pública desde o Império.

Ficando para trás

Enquanto o Brasil sedimentava seu atraso no século XIX, outras nações avançavam, depois do pioneirismo da Prússia. O exemplo mais notável de investimento em educação pública no século XIX foi o dos Estados Unidos, onde a partir da década de 1820 ganhou força um movimento por escolas públicas (o Common School Movement). Elisa Mariscal e Kenneth Sokoloff (2000), ao pesquisarem as relações históricas entre democracia, escolarização e desigualdade nas Américas, argumentam que a demanda por escolarização gratuita para todos com financiamento estatal já estava presente no Norte dos Estados Unidos mesmo antes do surgimento deste movimento, que teve como um de seus principais representantes o educador Horace Mann (1796-1859).

Para os autores, os Estados Unidos já tinham provavelmente as maiores taxas de alfabetização do planeta no início daquele século, em boa parte resultado de leis locais em estados do Norte estabelecendo a obrigatoriedade de oferta de escolas gratuitas. Já em 1779, por exemplo, Thomas Jefferson, principal autor da declaração de independência americana, propôs uma legislação que estabelecia um sistema de escolas públicas gratuitas financiadas com impostos.

Em *Growing public*, o economista Peter H. Lindert (2004) estima que 55% das crianças de cinco a 14 anos nos EUA já estavam matriculados em escolas em 1830 (percentual que o Brasil só alcançará depois da segunda metade do século XX). Dos poucos países para os quais há estimativas para aquele ano, apenas a Prússia (70%) superava este percentual, mas seria em breve ultrapassada pelos americanos.

Por que alguns países avançaram mais rápido do que outros? Para Lindert, um argumento fundamental estava na distribuição desigual do poder político. Ele contesta, por exemplo, a tese de que o pioneirismo da Prússia se deveu a uma elite esclarecida, que, de cima para baixo, disseminou a educação pública em seu território. Para o autor, apesar de o poder central prussiano não ser democrático, os governos locais eram, e estavam mais atentos às demandas da população por instrução.

Para comprovar sua tese, Lindert compara as taxas de matrícula em diferentes países com o percentual de adultos aptos a votar, e identifica que nações onde a maioria votava tinham significativamente mais crianças na escola do que não democracias ou democracias elitistas, onde apenas uma minoria de cidadãos que comprovassem renda ou propriedade estava apta a participar do processo eleitoral.

Tanto Lindert quanto Mariscal e Sokoloff, em seus respectivos estudos, lembram que, no caso dos Estados Unidos, não é coincidência que o Common School Movement tenha surgido ao mesmo tempo que os movimentos que exigiam o sufrágio "universal" (na verdade, da população branca e masculina).

As análises no caso dos Estados Unidos não podem deixar de considerar que, até 1865 (fim da Guerra de Secessão naquele país), o Sul era escravocrata e apresentava indicadores muito piores de alfabetização, inclusive em relação à população branca, quando comparada com os estados do Norte.[8] Só que, ao contrário do que aconteceu no Brasil após o fim da escravidão, a taxa de analfabetismo entre negros norte-americanos teve redução significativa, mesmo o país mantendo ainda em alguns estados um odioso sistema de segregação racial. Entre 1870 e 1930, a proporção de analfabetos entre não brancos caiu de 80% para 16% (entre os brancos, a redução foi de 12% para 3%).[9]

Para efeito de comparação, este percentual de 16% de analfabetismo entre não brancos americanos de 1930 só foi superado pela população negra brasileira em 2004 (Ipea, 2008). Para o total da população brasileira, esse patamar foi ultrapassado apenas em 1996 (Inep, s.d.).

Outro fator relevante identificado por Lindert em suas análises foi a descentralização. Nações que deixaram para os poderes locais a decisão sobre financiamento e organização das escolas primárias avançaram mais rápido. Aqui, porém, cabe a ressalva de que essas análises comparam principalmente países já mais desenvolvidos no Hemisfério Norte. O Brasil, como vimos, não pode ser considerado um caso bem-sucedido de descentralização, entre outras razões, pela escassez de recursos à disposição das províncias, e ainda pelo fato de que, dentro delas, as municipalidades gozavam de baixa autonomia em relação aos poderes estaduais.

---

[8] Lindert (2004:126), a partir de dados do Censo de 1860.
[9] Müller (2017:50), a partir de dados do National Center for Education Statistics.

E muito menos poderia ser enquadrado como uma democracia plena, não apenas pelo regime imperial, mas também porque o direito ao voto em eleições locais era limitado aos que comprovassem uma renda mínima, definida pelo Estado. O pior é que restrições ao direito ao voto permaneceriam no Brasil até o final do século XX e, como veremos, continuarão tendo profundo impacto na educação, especialmente pela proibição aos analfabetos, aprovada em 1881 pela Lei Saraiva, com apoio inclusive dos ditos liberais brasileiros.[10]

Voltando às comparações internacionais, o que explicaria então a diferença no desenvolvimento educacional entre os Estados Unidos e as ex-colônias ibéricas na América do Sul? A desigualdade, segundo vários autores, é aspecto crucial para responder a essa questão.

Conforme argumenta Vinícius Müller, o modelo de colonização favoreceu nos EUA a formação de uma sociedade mais igualitária.

As condições iniciais da colonização em regiões controladas por Espanha e Portugal ofereciam maiores vantagens na produção de produtos primários feitos em larga escala e com trabalho compulsório operado por grandes contingentes populacionais [...] Em ambos os casos, a possibilidade econômica ligada à exploração de matérias-primas, fossem elas minerais ou agrícolas, forjou uma sociedade caracterizada por ampla desigualdade social e econômica entre os descendentes de europeus — proprietários de terra e/ou minas — e os trabalhadores nativos ou africanos. [Müller, 2017:44]

---

10 Nos debates que antecederam a aprovação da lei, o deputado Saldanha Marinho criticou os colegas do Partido Liberal apontando a contradição do voto em favor das restrições eleitorais: "Ora, tirem-se os que não têm renda líquida, tirem-se os que não sabem ler, a que fica reduzido o direito de votar? É isto liberal? Os conservadores não o teriam feito melhor" (Ferraro, 2019:59).

O PONTO A QUE CHEGAMOS

No Norte dos Estados Unidos, assim como no Canadá, essas condições não estavam presentes inicialmente. A mão de obra era basicamente de imigrantes, e, até mesmo como forma de atraí-los para suas regiões, a oferta de escolas públicas gratuitas era um dos recursos disponíveis. Além disso, a existência de boas escolas públicas também valorizava o preço das propriedades.

Se para as elites no Norte dos EUA o investimento em escola era visto como vantajoso, o mesmo não pode ser dito dos grandes proprietários de terra que utilizavam mão de obra escrava em suas fazendas no Brasil. Renato Perim Colistete, em *O atraso em meio à riqueza*, destaca que os impostos sobre propriedade e renda — os principais utilizados no financiamento de sistemas educacionais nos países desenvolvidos — foram praticamente inexistentes (caso do imposto sobre a propriedade rural) ou marginais na receita provincial, estadual e municipal no Brasil. Ele conclui: "Olhando em retrospectiva, é difícil evitar a conclusão de que as elites econômicas mostraram-se eficazes na resistência à tributação de suas propriedades e rendas durante todo o período de debates e reformas da instrução pública no século XIX e início do século XX" (Colistete, 2016:11).

Mariscal e Sokoloff (2000:177) afirmam em seu estudo que "não surpreende que, com este tipo de extrema desigualdade na distribuição de renda, capital humano e poder político, os governos locais na América Latina tenham fracassado em organizar escolas mantidas com impostos e abertas a todos". Os autores argumentam ainda que, onde a desigualdade foi relativamente baixa, instituições tenderam a se desenvolver de forma a tornar oportunidades mais acessíveis à população em geral. Isso serviu para promover o crescimento estimulando a produtividade e uma participação mais ampla em atividades comerciais, preservando relativa equidade. Onde a desigualdade foi relativamente alta, instituições tenderam a se desenvolver de modo a restringir oportunidades, favorecendo elites e reduzindo assim as chances de crescimento sustentável no longo prazo.

Em resumo, o fato é que nações hoje desenvolvidas, em geral, já partiram desde o início do século XIX de uma condição mais favorável para desenvolver seus sistemas educacionais. Pode-se argumentar que eram pontos de partida tão distintos que praticamente inviabilizam comparações equilibradas. O problema para o Brasil é que o atraso educacional já era visível no Império até mesmo em relação a algumas nações vizinhas, e ficaria ainda maior.

Vizinhos

Voltando às estatísticas compiladas por Peter Lindert em *Growing public*, o Brasil terminou o século XIX com apenas 10% de crianças de cinco a 14 anos em escola, já bem abaixo de nações como o México (19%), Uruguai (21%), Chile (25%), Costa Rica (26%), Argentina (32%) e Cuba (37%). É curioso — e certamente não uma coincidência em relação ao atraso histórico brasileiro — que próximo ao bloco inferior dessas nações latino-americanas apareça também um país europeu: Portugal (19%).

Renato Perim Colistete, utilizando outro indicador (o percentual de matriculados em escolas primárias em relação ao total geral da população), mostra que, com apenas 0,6% da população em escolas em 1845, já desde meados do século XIX estávamos no grupo inferior de nações sul-americanas quando comparados com Uruguai (2% em 1851), Chile (1,9% em 1854), Colômbia (1,3% em 1847) e Equador (1,3% em 1849), empatando com Bolívia (0,6% em 1857) e Venezuela (0,6% em 1844) (Colistete, 2016:25).

Tabela 1
Percentual de alunos matriculados em escolas primárias entre cinco e 14 anos, em 1900

Estados Unidos	94%
Canadá	90%
França	86%
Austrália	86%
Reino Unido	74%
Alemanha	73%
Japão	51%
Espanha	48%
Itália	38%
Cuba	37%
Argentina	32%
Costa Rica	26%
Chile	25%
Uruguai	21%
Portugal	19%
México	19%
Bolívia	14%
Brasil	10%

Fonte: Lindert (2004).

O atraso em relação a nações vizinhas já era conhecido das elites brasileiras ao final do século XIX. Ruy Barbosa (1849-1923), num famoso parecer escrito em 1883 para a comissão de educação sobre o ensino primário no país, relata de forma minuciosa o quadro em diversos países desenvolvidos (Estados Unidos, França, Alemanha, Canadá, Austrália, Bélgica...) até chegar à Argentina. Ao citar o vizinho, é visível a vergonha admitida por um dos mais importantes intelectuais brasileiros da história:

Não esqueçamos que um vizinho, a que o mais justo sentimento de pundonor internacional não permitiria, sem mágoa de nossa altivez, que, num assunto capital como o do ensino popular, o deixássemos tomar-nos a dianteira. Infelizmente, porém, a vossa comissão, decidida a não ocultar um ápice de verdade, não pode, ainda aqui, ser agradável ao nosso amor próprio. O nível geral da instrução primária na República Argentina é não pouco superior ao da capital do grande império sul-americano. [Barbosa, 1883: v. X, t. I, p. 58]

Como a Argentina conseguiu níveis educacionais tão superiores ao Brasil, especialmente a partir da segunda metade do século XIX? A resposta passa pela disputa entre as elites locais por projetos de nação distintos. E nenhuma figura pública representa melhor esse conflito do que a de Domingo Faustino Sarmiento (1811-88), que presidiu aquele país entre 1868 e 1874.

Sarmiento era um profundo conhecedor e entusiasta da educação. Durante um período de exílio no Chile na década de 1840, dirigiu escolas de formação de professores e foi encarregado pelo governo local de viajar aos Estados Unidos e Europa para estudar seus sistemas educacionais. De volta à Argentina, tornou-se governador da província de San Juan e depois embaixador nos Estados Unidos, quando foi eleito e voltou para assumir a presidência de seu país.

Em seu governo, o número de escolas de primeiras letras dobrou e foi iniciado um projeto de criação de escolas normais. Ao contrário da experiência brasileira da primeira metade do século, o investimento nesses centros de formação de professores foi sustentável e orgânico. Para elevar a qualidade da formação, trouxe dos Estados Unidos 61 professoras. De 1870 até o início do século XX, mais de 40 escolas normais foram criadas.

Um erro ao olhar o caso de Sarmiento na Argentina é tratar a prioridade que dava à educação como fruto do acaso, ou como obra de uma mente iluminada que, por sorte, virou presidente. O investimento na instrução primária era parte fundamental do projeto político de uma parcela da elite local, que se contrapunha a outra elite, formada por caudilhos que eram tratados por Sarmiento como representantes da barbárie, em contraponto ao projeto civilizatório de seu próprio grupo.

Agustina Selvi Paglayan (2017:112), em sua tese de doutorado na Universidade Stanford, afirma que "a crença de Sarmiento na importância do ensino primário em massa controlado pelo Estado foi profundamente moldada por sua compreensão das causas das guerras civis argentinas de 1814-1880, tema de seu livro 'Facundo: Civilização e Barbárie'. Em poucas palavras, Sarmiento acreditava que a falta de educação dos senhores da guerra, assim como a falta de educação das massas rurais que recrutavam para lutar com eles, era culpada pela violência e caos da vida política argentina durante 1814-80; e viu a educação primária como o principal veículo para erradicar a 'barbárie' e garantir a ordem política e a estabilidade em todo o território".

Esta era a visão não apenas de Sarmiento, mas de seu grupo político. Roy Ellis (2011) mostra que, no período entre 1862 a 1912, os investimentos feitos nas províncias mais pobres e rurais da Argentina aumentaram significativamente, entre eles os gastos com educação. A expansão da instrução pública e gratuita era vista como uma forma de minar o poder dos caudilhos. Fazia parte deste projeto também o aumento da imigração europeia e da urbanização (a Argentina, vale lembrar, se tornou majoritariamente urbana na década de 1910, algo que só aconteceria no Brasil 50 anos depois). Apesar dos inegáveis avanços na educação, não se deve esquecer que esse projeto "civilizatório" teve também seus elementos de barbárie, especialmente em relação ao racismo contra as populações indígenas e negras (Avelar, 2021).

Pode-se concluir, portanto, que nunca tivemos um Sarmiento não por azar ou infelicidade. Se no vizinho eram nítidas as diferenças programáticas entre os principais grupos políticos, no Brasil, recorrendo a uma famosa frase atribuída ao visconde de Albuquerque (1797-1863), não havia "nada mais parecido com um Saquarema do que um Luzia no poder", em referência aos apelidos dos partidos Conservador (Saquaremas) e Liberal (Luzias). Portanto, o projeto político das elites agrárias e escravocratas ao longo de quase todo o século XIX dificilmente daria margem para que uma figura semelhante ao presidente argentino fizesse por aqui profundas reformas em nosso sistema educacional.

Isso não significa que inexistissem vozes influentes a lembrar o custo desse atraso. De novo recorrendo a Ruy Barbosa, eis a descrição sobre o quadro da educação que o país herdou do Império às vésperas da transição para a República:

A verdade […] é que o ensino público está à orla do limite possível a uma nação que se presume livre e civilizada; é que há uma decadência, em vez de progresso; é que somos um povo de analfabetos e que a massa deles, se decresce, é numa proporção desesperadoramente lenta; é que a instrução acadêmica está infinitamente longe do nível científico desta idade; é que a instrução secundária oferece ao ensino superior uma mocidade cada vez menos preparada para receber; é que a instrução popular, na Corte como nas províncias, não passa de um desideratum; é que há sobeja matéria para nos enchermos de vergonha […]". [Barbosa, 1883: v. X, t. I, p. 8]

Capítulo 2
Primeira República

A Proclamação da República em 1889 não representou grandes mudanças na hierarquia social brasileira, sendo considerada pelos historiadores hoje muito mais um golpe executado por uma parcela da elite apoiada por militares do que um movimento disposto a alterar profundamente as condições de vida da população. Além disso, a instrução pública não era uma das principais preocupações do grupo que assumiu o poder. Mas, na transição do século XIX para o XX, é possível ao menos identificar algumas mudanças que terão impacto significativo na educação.

Uma das mais importantes foi o surgimento dos grupos escolares. Um viajante no tempo teria dificuldade de encontrar no Brasil colonial ou imperial o que hoje identificamos como escola: um prédio construído especialmente para abrigar alunos de variadas idades, agrupados de acordo com sua faixa etária ou nível de instrução em diferentes salas de aula, com seus respectivos professores e um diretor na coordenação geral. Essa foi justamente a inovação trazida pelos grupos escolares, que começaram a se popularizar a partir da segunda metade do século XIX na Europa, tendo surgido no Brasil na década de 1890. Aos poucos, seriam disseminados pelo país.

O pioneirismo coube ao estado de São Paulo, que começava a colher os frutos do crescimento econômico impulsionado pela economia do café. O desejo de construção desses espaços casou com a vontade dos dirigentes republicanos de criar na cena urbana símbolos que rivalizassem com os do Império e da Igreja Católica. Muitas dessas construções abrigam escolas públicas que até hoje destoam, por sua arquitetura imponente, do que se verifica nos demais estabelecimentos de ensino.

Os grupos escolares traziam também significativas mudanças nas práticas pedagógicas, pois o agrupamento das turmas deveria ser feito pelo nível de conhecimento dos alunos. A ideia de séries, a serem cursadas a cada ano por um conjunto relativamente homogêneo de crianças, com a padronização do que seria ensinado em cada etapa, trouxe mais racionalidade e otimização do tempo, uma inovação importantíssima para sistemas escolares que precisavam expandir-se rapidamente para dar conta da demanda por vagas num contexto de crescimento populacional e da urbanização.

Exigiu também que o trabalho docente em cada sala de aula acontecesse de forma menos autônoma e mais coordenada entre todos os profissionais, valorizando assim a figura do diretor. Além disso, essa nova organização acabou por estimular a produção de mobiliário próprio e de livros e materiais didáticos específicos para cada ano. Mas com ela surgiram também alguns efeitos colaterais.

Conforme explica Rosa Fátima de Souza em *O legado educacional do século XIX*:

> No plano pedagógico, o estabelecimento das divisões nas escolas possibilitou um rendimento melhor da instituição escolar, porém a escola tornou-se mais seletiva porque o agrupamento dos alunos em classes homogêneas supunha o favorecimento dos melhores em detrimento dos mais "fracos". Além disso, a classificação em cursos gerou o aperfeiçoamento dos exames e criou a noção de repetência, que viria a se constituir em um dos maiores problemas do ensino primário em todos os tempos. [Saviani et al., 2017:64]

Os grupos escolares tiveram rápida expansão. Em 1924, só em São Paulo, eram 200 unidades e, em 1936, 617 (Saviani et al., 2017:67). Outros estados também logo passaram a investir nesse formato. O custo dessas estruturas viria a ser questionado futuramente, mas a forma de organização do sistema é uma característica que, em algum grau, perdura até hoje nas escolas de todo o mundo.

Além da expansão da infraestrutura, aconteceram nas primeiras décadas da República grandes debates a respeito da função da escola e de seus métodos e conteúdos de ensino, num movimento chamado de "otimismo pedagógico". Personalidades que ficariam marcadas na história da educação ocuparam, na década de 1920, cargos importantes nos estados e deram início a relevantes reformas. Caso de Anísio Teixeira na Bahia, Fernando de Azevedo no Rio (então capital federal), Lourenço Filho no Ceará, Sampaio Dória em São Paulo, Francisco Campos em Minas Gerais e Carneiro Leão no Rio e em Pernambuco.

A nova organização do tempo, espaço e métodos escolares reforçou uma necessidade que nunca deixou — nem deixará — de ser prioritária na educação: a formação de professores. Paralelamente ao movimento de criação de grupos escolares, houve também nova expansão das escolas normais. O perfil dos alunos que ingressavam nessas instituições, porém, era bastante diferente do verificado nos tempos iniciais do Império. Já estava em curso, e a pleno vapor, o processo de feminização da profissão docente.

Ao longo do século XIX, as mulheres foram ampliando seu acesso às escolas primárias e secundárias no Brasil. Não havia proibição formal para que frequentassem esses estabelecimentos nos tempos do Império, mas, como argumenta Heloisa Villela, a segregação acontecia pelo currículo. "Elas deveriam aprender a ler, escrever e fazer as quatro operações. A parte relativa a decimais e proporções, bem como o estudo da geometria, que fazia parte do currículo dos meninos, era interditada às meninas. Elas aprenderiam, em contrapartida, a coser, a bordar e os demais 'misteres próprios da educação doméstica'" (Villela, 2011:108).

Essa diferença era observada tanto no currículo das escolas primárias quanto no das escolas normais, que começaram, aos poucos, a receber meninas a partir da segunda metade do século XIX. Havia uma demanda crescente por professoras mulheres, já que a coeducação de meninos e meninas não era bem-vista na sociedade da época. Além disso, esses cursos eram vistos também como oportunidades de melhor preparação feminina para o casamento.

Levantamento feito por Luciano Mendes de Faria Filho e outros autores (2005) sobre a feminização do magistério em Minas Gerais mostra que, em 1857, apenas 14% dos professores da rede pública mineira eram mulheres. Em 1916, elas já representavam 76% desse universo. Esse fenômeno foi verificado em todas as províncias/estados. E não era restrito ao Brasil.

O discurso predominante no início do século XIX de que as mulheres eram incapazes para assumir o magistério foi dando lugar ao argumento oposto: elas seriam, por vocação natural, moralmente mais preparadas para a tarefa de educar crianças, visto que esta podia ser entendida como uma extensão de seus afazeres domésticos.

Mas havia também um forte componente econômico nessa escolha, que fazia com que, mais do que aceito socialmente, este fosse um objetivo perseguido por autoridades educacionais em vários países, como demonstram Gregory Elacqua, Diana Hincapié, Emiliana Vegas e Mariana Alfonso (2018) no livro *Profissão professor na América Latina*. Sarmiento, o presidente mais reconhecido por apoiar a educação na Argentina, ao defender a expansão de escolas normais femininas, argumentava já em 1858 que elas permaneciam no exercício da profissão por mais tempo, pois "diferentemente dos homens, não têm ocupação mais produtiva do que aquelas proporcionadas pela educação" e que "a política educacional será mais barata com a ajuda das mulheres". No Chile, um boletim de Educação Pública de 1873 dizia que "confiando às mulheres a docência nas escolas de ensino fundamental, poderíamos passar ainda alguns anos sem a necessidade de impor um ônus novamente ao tesouro" (Elacqua et al., 2018:64)

Como explica Jane Soares de Almeida,

> o fato de não terem amplo acesso às demais profissões fez do magistério a opção mais adequada para o sexo feminino, o que foi reforçado pelos atributos de missão e vocação, além da continuidade do trabalho do lar. Mantinha-se, pois, a ordem social vigente, e as mulheres que reivindicavam por educação teriam uma escola que lhes proporcionaria isso e ainda forneceria um diploma que lhes permitiria sustentar-se em caso de necessidade. A oferta de recursos humanos para o ensino primário que se expandia estava assegurada, e os lares não sofreriam a ausência feminina, pois cuidar de crianças e educá-las era o destino que se esperava que fosse cumprido. [Almeida, 2017]

A predominância feminina no magistério é ainda hoje uma marca dos sistemas educacionais pelo mundo. Mas, como veremos posteriormente, o discurso da missão ou da vocação natural feminina vai gerar tensões crescentes quando começarem a surgir demandas mais frequentes e organizadas por melhores salários e condições de trabalho, ao mesmo tempo que as mulheres conquistarão, aos poucos, acesso a outras carreiras.

Além das mudanças no ensino primário, cabe o registro também de que, depois de séculos de atraso em relação a outras nações da América Latina, finalmente em 1920 o governo federal criou sua primeira universidade. A então Universidade do Rio de Janeiro (hoje UFRJ) nasceu na verdade da mera união de três faculdades isoladas já existentes (a de medicina, a de direito e a de engenharia). Nem de longe na época se assemelhava à estrutura de uma grande universidade, algo que começaria a acontecer somente a partir da década seguinte.

Novo regime, mesmos males

Se havia sinais de mudanças em alguns aspectos da instrução pública e algum otimismo com reformas iniciadas nos estados no início da República, no plano federal algumas características que hoje explicam nosso atraso histórico permaneceriam inalteradas.

A primeira Constituição republicana, de 1891, seria omissa em relação ao papel do governo central na instrução primária, mas deixaria explícito que a União e o Congresso Nacional tinham a responsabilidade — não exclusiva — de criar "instituições de ensino superior e secundários". Como o texto constitucional tampouco criava mecanismos de financiamento ou transferência de recursos federais para as escolas primárias, na prática, manteve-se o desequilíbrio dos tempos imperiais e aprofundou-se um quadro de desigualdades regionais, já que alguns estados apresentavam melhores condições fiscais de ampliar seus sistemas educacionais.

Conforme afirma Renato Perim Colistete (2016:9), "a ínfima contribuição do governo federal à escolarização primária não se devia a uma divisão desfavorável da receita pública entre as esferas de governo. Pelo contrário: em 1920, a União arrecadou 59,6% do total dos tributos no país, contra 27,9% dos estados e 12,5% dos municípios". No mesmo ano, porém, municípios respondiam por 16% e os estados por 58% das vagas do ensino básico do país.

Outra mazela dos tempos imperiais que se repetirá nos primeiros anos republicanos é a inconstância das políticas públicas. Em 1890, pela primeira vez a educação teria um ministério (o de Instrução, Correios e Telégrafos), mas ele durou apenas até 1891. Em 1911, a Lei Rivadávia Corrêa deu ampla liberdade para a organização das escolas secundárias e superiores, permitindo que qualquer brasileiro pudesse se candidatar a uma vaga no ensino superior sem ter frequentado escola alguma, o que acabou gerando um mercado de faculdades que distribuíam títulos sem controle de qualidade.

O governo tentou corrigir isso em 1915, com a reforma Carlos Maximiliano, que, entre outras medidas, reestabelecia os exames para obtenção de certificados para ingressar no ensino superior. Mas a reforma teria vida curta, logo substituída por outra, em 1925, chamada Rocha Vaz, que determinava que o ensino secundário deveria ser seriado, ou seja, não seria permitido acesso a uma série sem comprovação de aprovação nas matérias do ano anterior.

Todas essas reformas procuravam disciplinar a transição do ensino secundário para o ensino superior, mas nenhuma delas foi capaz de modificar substancialmente uma situação verificada desde os tempos do Império: a demanda pelo ensino secundário era restrita a uma pequena elite que queria desta etapa, majoritariamente mantida por escolas privadas, apenas uma ponte de acesso ao ensino superior. Um relatório da Secretaria do Interior do Estado de São Paulo de 1895 assim diagnosticava essa situação:

> Os pais queriam apenas que os filhos fossem por quaisquer meios aprovados nos seus exames; os mestres transigiam convertendo os colégios em estabelecimentos industriais, que disputavam a matrícula das faculdades superiores, gerações de uma mocidade inteiramente ignorante, profundamente abatida na inteligência e no caráter, inábil para tudo que não fosse o prosseguimento de um estudo rápido e estéril, sem fundamento racional, em cursos superiores, de onde, ao cabo de alguns anos, poucos eram aqueles que saíam aparelhados para se nobilitarem com a posse do título conquistado. [apud Marcílio, 2005:219]

O PONTO A QUE CHEGAMOS

Queixas semelhantes sobre os objetivos limitados da educação secundária e superior continuaram abundantes nas primeiras décadas do século XX, uma evidência de que nem mesmo nos níveis acessíveis apenas à elite o quadro da educação era considerado satisfatório. "De fato, o ensino desceu até onde podia descer: não se fazia mais questão de aprender ou de ensinar, porque só duas preocupações existiam, a dos pais querendo que os filhos completassem o curso secundário no menor espaço de tempo possível e dos ginásios na ambição mercantil."[11]

À exceção dos grupos escolares, que estavam longe de atender à maioria da população, a situação verificada nas escolas que atendiam aos mais pobres, como se pode imaginar, era muito pior. Mesmo na capital do país, conforme relata Clarice Nunes no artigo "(Des)encantos da modernidade pedagógica" (2011:377), "casas alugadas eram transformadas em escolas e tornavam-se focos de alastramento de epidemias. Faltava ar. Faltava luz. Faltava água. As doenças se propagavam: a bexiga (varíola), a gripe, a tuberculose, a meningite cérebro-espinhal. Todas conviviam com as verminoses que sugavam a desnutrida população infantil".

Outra deficiência que pouco mudou com a República foi o subfinanciamento da educação básica. Os últimos anos do Império até foram marcados por alguma expansão do investimento em ensino.[12] Este período foi marcado também pelos efeitos da Lei

---

[11] Declaração feita em 1910, citada por Moacyr Primitivo em 1942, em destaque feito por Ribeiro (2021:65).

[12] Citando o trabalho da pesquisadora Josephina Chaia, Demerval Saviani (2017) mostra, em *O legado educacional do século XIX*, que em 49 anos durante a segunda fase do Império (entre 1840 e 1889), a média anual dos recursos investidos em educação foi de 1,8% do governo imperial, sendo apenas 0,47% para a instrução primária. O menor nível de gasto proporcional foi verificado em 1844 (1,23% para toda a educação e 0,11% para a primária) e o maior, em 1888 (2,55% para a educação total e 0,73% para o ensino básico).

do Ventre Livre, de 1871, que, ao considerar livre todos os filhos de mulheres escravizadas a partir daquele ano, deu — ao menos do ponto de vista legal — a essa geração de crianças o direito de se matricular em escolas públicas de instrução primária.[13]

Renato Perim Colistete (2016) identificou os últimos 10 anos do regime imperial como o momento de maior investimento, considerando a proporção dos recursos disponíveis direcionada ao setor. Esse esforço, porém, diminui durante os primeiros anos da República, num momento em que o crescimento econômico possibilitaria ampliar ainda mais os gastos.

A partir do exemplo de São Paulo, Colistete mostra que, enquanto entre 1890 e 1920 a despesa real *per capita* com instrução primária cresceu em média 2,4% ao ano, a receita *per capita* fiscal estadual subiu em média 3,9% ao ano.

> Se as escolas públicas foram incapazes de atender mais de 50% das crianças em idade escolar sem acesso à educação, como era o caso do estado de São Paulo no final da década de 1910, o motivo não se devia à inexistência de receitas públicas que poderiam ter sido empregadas na instrução primária. O atraso educacional, portanto, prevaleceu em meio à riqueza acumulada com a notável expansão econômica de São Paulo. [Colistete, 2016:353]

Como verificado no capítulo anterior, há uma correlação positiva entre a expansão dos gastos educacionais e a maior participação da população adulta no processo eleitoral. Os novos ares da República

---

13 O fim das barreiras legais de acesso dos filhos de escravos à escola não significou o acesso pleno dessa população aos bancos escolares. José Gonçalves Gondra e Alessandra Schueler (2008), em *Educação, poder e sociedade no Império brasileiro*, mostram casos de discriminação, como o de um professor de São Paulo, em 1877, que reclamava de "certos negrinhos" que estavam prejudicando a educação dos "outros" meninos, sugerindo que fossem matriculados numa escola à parte.

poderiam ter servido para eliminar mais barreiras que dificultavam o direito ao voto, e uma delas permaneceu vigente até o fim da ditadura militar: a proibição aos analfabetos.

"O Brasil, de 1881 a 1945, deu para trás em matéria de incorporação política da população via processo eleitoral. A Primeira República foi, literalmente, um regime sem povo, pois votava menos de 5% da população. Paralelamente, a educação fundamental continuou a ser negligenciada", afirma o historiador José Murilo de Carvalho (2005).

Pesquisas recentes têm procurado comprovar e mensurar as consequências dessa relação entre perfil das elites, baixa participação política e gastos educacionais. Por exemplo, o economista Pedro Américo de Almeida Ferreira, cuja tese doutoral foi orientada por Claudio Ferraz, analisou o perfil dos votantes por meio de registros eleitorais em São Paulo no ano de 1905 (Ferreira, 2020). Ele identificou que houve menos investimento em educação nos municípios onde a elite agrária representava uma parcela maior dos votantes, o que resultou menos investimento em educação, o que resultou em piores indicadores educacionais em 1920 e prejudicou o processo de industrialização e transformação estrutural dessas localidades nas décadas seguintes.

Essa relação perniciosa entre baixa participação política, investimentos insuficientes em educação e atraso econômico não era desconhecida das elites — ou ao menos de parte delas — já no início do século XX. Um dos intelectuais que melhor apontou essa contradição foi o sergipano Manoel Bonfim (1868-1932), que publicou em 1903 o livro *A América Latina: males de origem*, em que defendia que a democracia só seria concretizada no Brasil quando o acesso à educação fosse universalizado:

A Constituição republicana estabelece que só serão eleitores os indivíduos que souberem ler e escrever. No entanto, ocorre que, no país, apenas 10% dos cidadãos sabem ler e escrever, e vem daí que mesmo quando as eleições fossem puríssimas, mesmo assim o regime estaria falseado, porque apenas 10% dos cidadãos iriam às urnas. Em hipótese nenhuma seria uma República democrática, pois que o governo representa a vontade de uma minoria insignificante, e o sufrágio universal uma burla, visto a ignorância absoluta das massas. [apud Alves Filho, 2008:29]

Em outro trecho do mesmo livro, Bonfim afirma:

É monstruoso que, num tal país, para um orçamento de 200 mil contos, reservem-se 73 mil para a força pública, e, apenas 3.200 para tudo, tudo o que interessa à vida intelectual: ensino, bibliotecas, museus, escolas especiais, observatórios [...] e não se gasta um vintém para fomentar a instrução da massa popular. [apud Alves Filho, 2008:46]

Capítulo 3
Estado Novo

A década de 1930 é marcada no Brasil por profundas alterações sociais e econômicas. A expansão dos setores industriais e de serviços dá visibilidade a um contingente cada vez maior de trabalhadores urbanos que já não cogitavam para seus filhos o trabalho braçal em atividades agrícolas. A educação, mesmo ainda longe de ser uma prioridade nacional, passa a ser mais demandada e cada vez mais percebida como meio de ascensão social. Era um caminho sem volta. Muita coisa estava mudando, mas o quadro de atraso no setor permanecia inalterado. As matrículas em escolas primárias até cresciam, só que não no ritmo necessário para atender a demanda, e muito menos para encurtar a distância do Brasil para os países vizinhos.

Tabela 2
Percentual de alunos matriculados em escolas primárias entre cinco e 14 anos

	1890	1930
Argentina	27%	61%
Chile	19%	56%
México	18%	37%
Brasil	7%	22%

Fonte: Lindert (2004).

O PONTO A QUE CHEGAMOS

Entre os novos atores políticos que surgiram no quadro nacional, uma novidade estava num grupo formado por especialistas em educação, que passaram a se organizar para ter mais influência no debate público. Em 1924, por exemplo, foi criada a Associação Brasileira de Educação. "Já não eram apenas ou predominantemente os políticos que denunciavam a insuficiência do atendimento escolar e os consequentes altos índices de analfabetismo. O problema passava a ser tratado, agora, pelos educadores 'de profissão'", conforme descreve Maria Luísa Santos Ribeiro (2021:74).

Esse grupo produziria em 1932 um dos documentos de maior relevância da educação nacional: o *Manifesto dos pioneiros da educação nova*. Ele começa afirmando que "na hierarquia dos problemas nacionais, nenhum sobreleva em importância e gravidade o da educação", e "nem mesmo os de caráter econômico lhe podem disputar a primazia nos planos de reconstrução nacional" (Azevedo, 2010:33). Redigido por Fernando de Azevedo, o texto é assinado por 24 intelectuais de grande influência, entre eles Anísio Teixeira, Lourenço Filho, Roquette-Pinto, Cecília Meireles, Sampaio Doria, Paschoal Leme e Júlio de Mesquita Filho. Muitos já haviam estado à frente de reformas educacionais iniciadas durante a década de 1920 nos estados.

O termo "Escola Nova" refere-se a um movimento internacional de contestação ao ensino tradicional. Um educador de enorme influência sobre os escolanovistas brasileiros foi o norte-americano John Dewey (1859-1952), que criticava o modelo excessivamente transmissor de conteúdo, advogando por uma pedagogia em que o estudante tivesse mais protagonismo e pudesse aliar a teoria à prática. Um papel fundamental da escola, na visão de Dewey, era o de contribuir para a democracia preparando desde cedo os indivíduos para participar ativamente da vida pública e social.

Um dos intelectuais brasileiros mais próximos de Dewey foi Anísio Teixeira (1900-71), que, no período em que os escolanovistas brasileiros debateram a construção do manifesto, havia acabado de voltar de um mestrado no Teachers College da Universidade de Columbia, onde o educador norte-americano era professor.

O *Manifesto dos pioneiros da educação nova* era preciso ao diagnosticar a necessidade de criação de um sistema nacional que superasse a fragmentação e desarticulação das políticas públicas até então:

> A situação atual, criada pela sucessão periódica de reformas parciais e frequentemente arbitrárias, lançadas sem solidez econômica e sem uma visão global do problema, em todos seus aspectos, nos deixa antes a impressão desoladora de construções isoladas, algumas já em ruína, outras abandonadas em seus alicerces, e as melhores, ainda não em termos de serem despojadas de seus andaimes... [Azevedo, 2010:33]

O texto é também uma defesa da universalização da escola laica ("que coloca o ambiente escolar acima de crenças e disputas religiosas"); gratuita ("que torna a educação, em qualquer de seus graus, acessível não a uma minoria, por um privilégio econômico, mas a todos os cidadãos que tenham vontade e estejam em condições de recebê-la"); obrigatória ("que por falta de escolas ainda não passou do papel, nem em relação ao primário") e unificada (para não permitir "entre alunos de um e outro sexo outras separações que não sejam as que aconselham suas aptidões psicológicas e profissionais") (Azevedo, 2010:43 e 45).

Nem todas as bandeiras defendidas no manifesto serão incorporadas ou devidamente implementadas pelas políticas públicas, mas o movimento teve grande repercussão, tendo exercido alguma influência, por exemplo, na segunda Constituição do regime republicano, em 1934.

Após seu grupo político ter deposto na Revolução de 30 o então presidente Washington Luís (1869-1957) e evitado a posse de Júlio Prestes (1882-1946), Getúlio Vargas (1882-1954) assume a presidência com promessas de modernização, entre elas na educação. Foi em seu governo que finalmente foi criado, desta vez sem volta, o Ministério da Educação e Saúde. O novo governo — no que ficaria marcado como uma característica de Vargas — oscilava entre diferentes correntes políticas, ora atendendo aos interesses de um grupo, ora de outro, e às vezes tentando conciliar, com maior ou menor sucesso, demandas contraditórias.

Seu primeiro ministro da educação, Francisco Campos, por exemplo, simpatizava com algumas das ideias dos escolanovistas, mas era um católico conservador. Num decreto de 1931, reestabeleceu o ensino religioso nas escolas públicas, mas de caráter facultativo, característica que seria incorporada na Constituição de 1934 e permanece até hoje.

O ideário escolanovista foi derrotado na questão do ensino laico, mas também conquistou vitórias relevantes. O ensino primário continuaria sob a responsabilidade principal dos estados, mas o texto constitucional passa a tratar a "instrução pública em todos os seus graus" como uma competência concorrente (no sentido de compartilhada) entre estados e União, deixando para este último a prerrogativa de "traçar as diretrizes da educação nacional".[14]

No financiamento público, uma grande inovação — mas que duraria pouco tempo — foi a vinculação obrigatória de um percentual de impostos de estados, municípios e União a serem investidos em educação. Porém, é no campo dos direitos, na análise de Carlos Roberto Jamil Cury, um dos maiores especialistas da educação em

---

[14] Disponível em: www.planalto.gov.br/ccivil_03/constituicao/constituicao34.htm. Acesso em: 31 mar. 2022.

textos constitucionais, que a Constituição de 1934 teria seu capítulo mais marcante:

> Dificilmente se verá um capítulo tão completo, salvo em 1988, e que já mostra a educação mais do que um direito civil, um direito social próprio da cidadania. Mesmo que nem tudo haja sido efetivado, ficaram registrados os compromissos com e na norma constitucional estabelecendo-se uma tradição virtuosa da busca do direito do cidadão e da cobrança do dever do Estado. [Cury, 2005:23]

Os ares educacionais modernizantes do texto de 1934 sofreriam duro golpe com a ditadura do Estado Novo, que impôs ao país uma nova Constituição, em 1937. Esta última excluía a vinculação de verbas para o ensino, colocava o Estado numa posição secundária à família no que diz respeito aos direitos e deveres à educação e relativizava a gratuidade, dizendo que esta não "exclui o dever de solidariedade dos menos para com os mais necessitados".[15]

A relação dos signatários do *Manifesto* em relação ao novo regime seria diversa. Enquanto alguns de seus expoentes, caso de Anísio Teixeira, seriam perseguidos pelo grupo político de Vargas, outros, caso de Lourenço Filho, ocupariam posições importantes no governo.

Reforma Capanema

As marcas que o Estado Novo imprimiu à educação não ficaram restritas à Constituição de 1937. Sob a liderança de 1934 a 1945 de Gustavo Capanema (1900-85), até hoje o mais longevo ministro

---

[15] Disponível em: www.planalto.gov.br/ccivil_03/constituicao/constituicao34.htm. Acesso em: 31 mar. 2022.

da pasta, o governo Getúlio Vargas fez mudanças profundas na estrutura do sistema. A maior delas foi a organização das etapas de ensino de modo a refletir uma visão de sociedade em que as funções de cada classe social estavam bem delimitadas.

Ao expor os motivos da reforma do ensino secundário de 1942, Capanema explicitava que este nível de ensino se destinava à "preparação das individualidades condutoras, isto é, dos homens que deverão assumir as responsabilidades maiores dentro da sociedade e da nação, dos homens portadores das concepções e atitudes espirituais que é preciso infundir nas massas, que é preciso tornar habituais entre o povo" (Brasil, 1942).

Se para as "individualidades condutoras" o caminho era a educação secundária, qual deveria ser, na concepção do Estado Novo, o papel destinado aos filhos da classe trabalhadora, que crescia com a urbanização e industrialização do país? A resposta estava no artigo 129 da Constituição de 1937, que estabelecia o ensino "pré-vocacional destinado às classes menos favorecidas".

Esta desigualdade explícita entre os objetivos declarados para as diferentes classes sociais é o que os historiadores da educação chamam de "dualismo". Em verdade, a ideia de que as trajetórias de diferentes grupos deveriam ser distintas — com uma elite podendo chegar ao ensino superior e uma massa tendo no máximo uma formação para exercer algum ofício — não foi inventada pelo Estado Novo. O que as reformas de Capanema fizeram de excepcional naquele contexto foi formalizar esse sistema de maneira mais consistente.

O ensino primário, em geral de quatro anos de duração, era o ponto de partida comum. Depois dele, porém, havia uma separação clara. Para fazer a seleção entre aqueles que poderiam acessar as escolas secundárias e os que se encaminhariam para a trajetória profissional, foi criado na época o exame de admissão. Ele foi extinto somente em 1971 e teria nas décadas seguintes "um enorme efeito de redução das taxas de escolarização", tornando-se "uma das principais barreiras para o avanço das crianças na escola", de acordo com Fernando Abrucio e Catarina Segatto em *Desafios da profissão docente*. Segundo os autores, houve registro de locais onde a reprovação chegava a 70% dos candidatos (Abrucio e Segatto, 2021:88).

Aqueles que sobrevivessem ao funil do exame de admissão seriam encaminhados para o ensino secundário, que na época era dividido em duas etapas: um ginásio com duração prevista de quatro anos (o que hoje seria o segundo ciclo do ensino fundamental) seguido de um colegial de três anos (equivalente ao atual ensino médio). Somente esta trajetória permitia ao estudante ingressar no curso superior de sua escolha e para o qual fosse aprovado.

O caminho dos que eram barrados nessa trilha das "elites condutoras" era bem distinto. Depois do primário, caso continuassem no sistema educacional (como veremos mais adiante, uma minoria prosseguia), poderiam escolher alguma escola com o objetivo de preparação para atividades industriais, comerciais, agrícolas, ou para a formação de professores em escolas normais. O passo seguinte para os poucos sobreviventes seria continuar os estudos com mais três anos de ensino técnico na mesma área. Completado todo esse ciclo, até havia a possibilidade de ingresso no ensino superior, mas apenas em cursos que fizessem parte do mesmo ramo profissional do nível técnico concluído, limitação que perdurou até a década de 1960 na legislação nacional.

Simon Schwartzman, Helena Bomeny e Vanda Costa, em *Tempos de Capanema*, afirmam que, enquanto o ensino secundário das elites estaria, em tese, sujeito a "procedimentos bastante rígidos de controle de qualidade", os ramos industrial, agrícola ou comercial eram "um ensino obviamente de segunda classe, sobre o qual o ministério colocava poucas exigências, nem sequer previa uma qualificação universitária e sistema de concursos públicos para seus professores, como deveria ocorrer com o ensino secundário" (Schwartzman, Bomeny e Costa, 1984:205).

As reformas de Capanema trouxeram significativas modificações, mas, como toda legislação, entre o previsto e o que aconteceria na prática, haveria um longo caminho. No caso específico do ensino secundário, além de ainda muito restrito, uma dificuldade adicional ao poder público era o fato de a participação do setor estatal ser minoritária. Em 1937, por exemplo, o *Anuário estatístico do Brasil* mostrava que, das 2.064 instituições de ensino não primárias, 1.606 eram privadas, sendo 513 mantidas por instituições religiosas (Kang, 2010:96).

Como explicam Schwartzman, Bomeny e Costa, os projetos ousados de mudanças no ensino secundário, principal marca das reformas de Capanema, passavam

> necessariamente pela burocracia crescente do sistema de inspeção e controle, e por um conjunto de estabelecimentos privados que não tinham, com as honrosas exceções de sempre, outra intenção do que a de atender ao mercado crescente de ensino médio, com o beneplácito e, tanto quanto possível, os recursos financeiros do governo. Estes elementos — a legislação casuística, rígida, os currículos de conteúdo classicista, uma burocracia ministerial cada vez mais rotinizada e um forte *lobby* de diretores de colégio — dariam o tom do ensino secundário brasileiro nas décadas seguintes. [Schwartzman, Bomeny e Costa, 1984:219]

Além disso, toda a atenção dada pela ditadura do Estado Novo à legislação educacional não significou aumento expressivo dos investimentos no ensino ou nas taxas de matrícula. De acordo com dados compilados por Paulo Maduro Júnior (2007), em *Taxas de matrícula e gastos em educação no Brasil*, o percentual do PIB destinado à educação entre 1933 e 1945 oscilou ao redor de 1%, tendo registrado a máxima no período em 1940 (1,36%) e a mínima em 1943 (0,9%).

Para efeito de comparação, os Estados Unidos, que já dispunham de uma situação muito melhor em relação à educação, investiam, no ano de 1934, 3% de seu PIB em educação. O monumental esforço financeiro daquele país após sua entrada na Segunda Guerra Mundial fez esse percentual cair para 1,25% em 1944 (ainda assim superior ao do Brasil no mesmo ano), mas os gastos com ensino público logo voltariam ao patamar de 3% ao final da década.[16]

Os efeitos do baixo investimento público no ensino no Brasil se traduziam em crescimento insuficiente para dar conta da demanda pela educação básica. Dados analisados por Thomas Hyeono Kang (2010) mostram que a taxa de atendimento da população em idade escolar (cinco a 14 anos) chegou inclusive a cair nos anos finais do Estado Novo. Se, em 1940, 28% dessa população estava matriculada no ensino primário, em 1944, esse percentual caiu para 26%.

Ineficiência

Além de insuficiente em termos quantitativos, o sistema educacional brasileiro já apresentava um de seus mais graves problemas: a ineficiência. Ao menos um avanço já poderíamos celebrar ao final da década de 1930: começávamos a ter um sistema nacional de estatísticas mais confiável, graças, entre outros esforços, à criação do

---

[16] Dados para os Estados Unidos disponíveis em: usgovernmentspending.com/education_spending. Acesso em: 31 mar. 2022.

O PONTO A QUE CHEGAMOS

Instituto Brasileiro de Geografia e Estatística (IBGE) em 1934 e do Inep (hoje Instituto Nacional de Estudos e Pesquisas Educacionais Anísio Teixeira) em 1937.

Um dos primeiros especialistas a analisar essas estatísticas foi Mario Augusto Teixeira de Freitas (1890-1956), uma das figuras mais importantes na história do IBGE. No livro *O ensino primário brasileiro no decênio 1932-1941*, Teixeira de Freitas argumentava que, ao menos nas áreas urbanas, o principal problema do ensino primário já não era a criação de vagas ou o desinteresse da população pela escola: "A nação já envia à escola, nas zonas urbanas, 95% dos seus infantes, e, nas áreas rurais, mais da metade deles" (Freitas, 1946:49).

Ao olhar especificamente para os números do primeiro ano do ensino primário, o estatístico identificou que o total de matrículas já era bem próximo do total de crianças na faixa etária de sete anos de idade. Só que a maioria dos estudantes era formada por repetentes.

A causa disto? Aponta-a a estatística de maneira impressionante: é a ineficiência do ensino. A atuação da escola, em vez de aproveitar, sob salutares estímulos, a tenacidade do discipulado, transforma-a em estagnação patológica, que se traduz por enorme repetência, máxime na 1ª série, a repercutir nas séries superiores como aparente evasão escolar, quando esta é, em verdade, a desistência fatigada dos alunos após prolongado insucesso. [Freitas, 1946:17]

Ele prossegue em sua reflexão sobre as causas:

Mas tão grande ineficiência ocorreu, acaso, por culpa dos alunos? Ou das famílias? Não. Por culpa exclusiva da organização escolar. A Nação — agora já se vê isto inequivocamente — vem cumprindo o seu dever onde quer que disponha de escola aonde mandar os seus filhos. Mas a

Escola não tem cumprido o seu, deixando de educar as crianças que a Nação de fato lhe confia ao levá-las à inscrição insistentemente — e por certo sob penosos sacrifícios — mas em pura perda. [Freitas, 1946:17]

São essas as estatísticas que comprovam, ao contrário do que às vezes é romantizado nos dias de hoje sobre a qualidade do ensino no passado, que o sistema educacional brasileiro em geral foi, do ponto de vista dos indicadores de rendimento, uma grande máquina de exclusão em massa ao longo do século XX.

Capítulo 4
Entre ditaduras

O período entre duas ditaduras (a do Estado Novo, finda em 1945, e a militar, iniciada em 1964) foi marcado, no campo educacional, pela maior pressão popular por mais escolas e pela organização do magistério em busca de melhores condições de trabalho. A nova Constituição, de 1946, mantém retrocessos como a proibição ao voto dos analfabetos, mas, mesmo que de forma tímida, retoma a ideia, prevista em 1934 e abandonada em 1937, de estipular uma vinculação de recursos obrigatórios para a educação. Os investimentos no setor, no entanto, variaram significativamente entre os diferentes governos, e a lei que obrigava o investimento de 10% dos impostos no caso da União e 20% no caso de estados e municípios nem sempre foi cumprida.[17]

Ao analisar dados de investimentos públicos e de crescimento de matrículas no período, Thomas Kang (2010:61) identifica dois governos onde esses indicadores foram mais positivos: o de Eurico Gaspar Dutra, entre 1946 e 1951, com aumento médio anual das matrículas no primário de 4,2%, e o de João Goulart (entre 1962 e 1963),[18] com expansão média de 6,2%. Essas taxas foram significativamente superiores às do segundo período de Vargas na

---

[17] Segundo Maria José Werebe (1963), em *Grandezas e misérias do ensino brasileiro*, isso aconteceu em nove anos do período de 1940 a 1959 no caso da União, e em 10 anos no caso dos estados.

[18] Para mensuração desse dado, apenas os dois anos inteiros em que Goulart foi presidente foram considerados.

Presidência (1951 a 1955, 1,7% de crescimento) e ao de Juscelino Kubitschek (1956 a 1961, 2,4%).

A análise dos gastos do governo Kubitschek é especialmente reveladora de como, mesmo num governo democrático e com crescimento econômico anual de 8% do PIB, decisões equivocadas acabaram contribuindo ainda mais para o atraso educacional brasileiro. JK assumiu com um ambicioso plano de metas para cinco setores: energia, transporte, indústrias de base, educação e alimentação. Educação até estava lá, mas de forma vaga, e com apenas 3,4% das verbas do plano previstas para ela.

Além de não prever recursos adequados, o governo Kubitschek, tanto no discurso quanto na prática, deixou claro que sua prioridade era o ensino superior. Entre 1956 e 1959, enquanto o percentual de recursos da União, estados e municípios destinados à educação primária caiu de 52% para 46%, o ensino superior viu sua fatia aumentar de 26% para 30% (Kang, 2010:65).

Isso não aconteceu por acaso, como revela o discurso do ministro da Educação da época, Clóvis Salgado (1906-78), destacado por Kang:

> Se o objetivo era aumentar nosso cabedal de ciência e técnica, forçoso era reconhecer a preferência a ser dada ao ensino superior. Essa já era a tendência da sociedade brasileira, pois o ensino superior consumia, então, cerca de 60% dos recursos destinados à educação,[19] com manifesto sacrifício dos outros graus de ensino. Apesar disso, minha opção foi pela concentração de recursos no ensino superior, convencido de que só assim poderia ser dada a necessária cobertura educacional ao esforço de industrialização do país. [apud Kang, 2010:67]

Cabe destacar que essa prioridade do governo JK ao ensino superior aconteceu não apenas por meio de investimentos públicos diretos, mas, também, via subsídios ao setor privado.

---

[19] Este percentual provavelmente se refere apenas aos gastos da União.

ENTRE DITADURAS

Seria reducionista, porém, colocar toda a culpa do atraso educacional a decisões tomadas sempre no âmbito federal. Ao comparar o perfil de gastos de governos estaduais e municipais no Brasil e nos Estados Unidos, Kang mostra que, enquanto aqui 16% dos gastos estaduais eram com educação pública, nos Estados Unidos esse percentual era de 34%. Entre municípios a discrepância era maior ainda: 10% no caso do Brasil e 45% nos EUA.[20]

Para piorar a situação, nem sempre os gastos declarados em educação eram destinados efetivamente a tarefas essenciais do ensino e aprendizagem. Maria José Werebe, ao citar análises orçamentárias de 1959 no município de São Paulo, destaca a existência de "auxílios e subvenções a associações esportivas (construção de campos de futebol, de praças e estádios esportivos), a clubes em geral, a jardins zoológicos, igrejas, teatros, bandas de música etc., bem como verba para custeio de festas cívicas, culturais e desportivas, concertos, recitais etc." (Werebe, 1963:75), além de subsídios a estabelecimentos particulares de ensino.

Essa questão do uso de recursos públicos para financiar instituições privadas de educação consumiu boa parte das energias dos legisladores encarregados pela Constituição de 1946 de elaborar uma Lei de Diretrizes e Bases de Educação (LDB), que começou a tramitar em 1948 e só veio a ser aprovada em 1961. O debate em relação ao papel do Estado e do setor privado opôs a Igreja Católica e escolas particulares — cuja voz mais relevante no Congresso era o deputado udenista Carlos Lacerda (1914-77) — e novos e antigos defensores dos princípios de laicidade e gratuidade do ensino público — caso de Anísio Teixeira e Florestan Fernandes (1920-95), apenas para citar alguns dos mais relevantes.

---

[20] Dados de 1971 no caso brasileiro, e de 1963 no dos Estados Unidos.

O PONTO A QUE CHEGAMOS

Ao fim, a LDB foi aprovada com 13 anos de atraso,[21] num texto que tentava conciliar os dois interesses (sem agradar plenamente nenhum dos lados), mas que já nasceu caduco e que logo seria modificado pela ditadura militar.

Alheios aos grandes debates públicos sobre a LDB, professores e alunos continuavam, com raras exceções, sofrendo com as péssimas condições de ensino na prática. O relato a seguir é de 1949, e foi feito por um dos membros que integravam uma Comissão Executiva instalada em São Paulo para diagnosticar a situação da instrução elementar na capital. Ele mostra que, mesmo para o estado mais rico da Federação, é incorreto supor que a educação pública daquela época, em geral, fosse de qualidade.

> É inenarrável o que vimos. Crianças em porões, em garagens, em salas acanhadas comportando normalmente apenas a terça parte dos alunos nela amontoados, salas de prédios novos com a lotação quase dobrada, três, quatro, e até seis períodos de aulas [...]. Ausência de ar e de luz, e de pátios de recreação, ambientes de ar viciado, muitas vezes uma só instalação sanitária para centenas de crianças de ambos os sexos [...]. Dezenas de crianças mal-nutridas, percorrendo às vezes distâncias enormes, de alguns quilômetros, para serem alojadas em pardieiros [...] alimentadas e vestidas muitas com os minguados recursos da Caixa Escolar socorrida com as contribuições de professores e particulares. [apud Sposito, 2001:36]

Decerto existiam algumas poucas escolas estatais e algumas privadas que atendiam a contento uma pequena elite de sobreviventes daquele sistema excludente desde a base. As estatísticas da década de 1940, porém, mostram como eram poucos os que conseguiam avançar. De cada 1.000 alunos que se matriculavam na primeira série do ensino primário, apenas 404 chegariam à série seguinte,

---

[21] Considerando a data em que o projeto começou a tramitar no Congresso, em 1948.

155 completariam os quatro primeiros anos do primário, 20 terminariam o colegial (o que seria hoje o ensino médio) e 10 (ou 1% do total) avançaria até o ensino superior.

Figura 1
Evolução das matrículas no sistema escolar entre 1942 e 1953

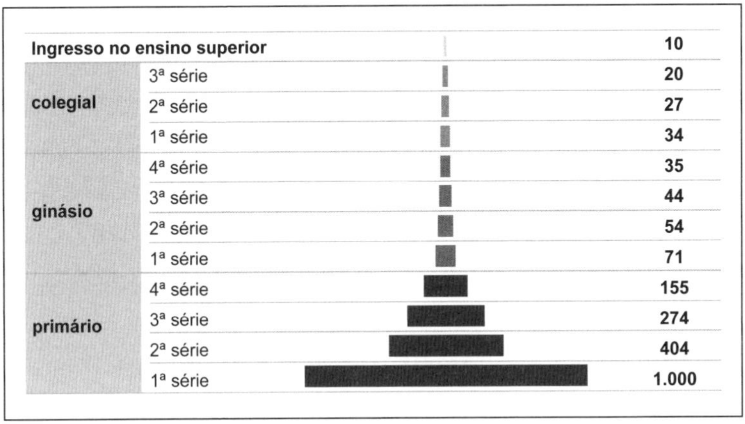

Ingresso no ensino superior			10
colegial	3ª série		20
	2ª série		27
	1ª série		34
ginásio	4ª série		35
	3ª série		44
	2ª série		54
	1ª série		71
primário	4ª série		155
	3ª série		274
	2ª série		404
	1ª série		1.000

Fonte: Romanelli (1978).

Figura 2
Evolução das matrículas no sistema escolar entre 1961 e 1972

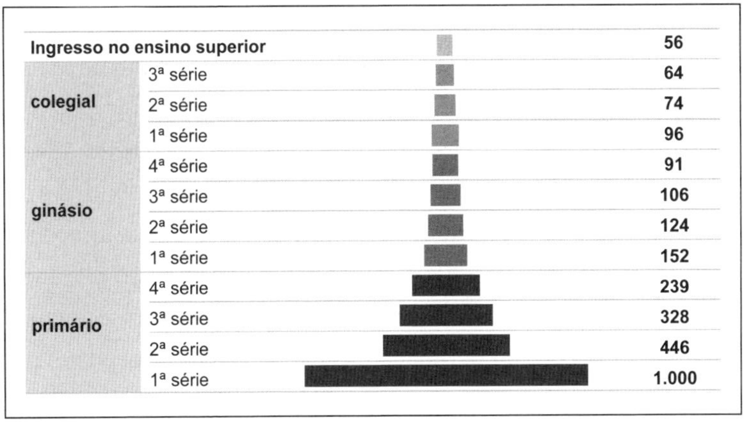

Ingresso no ensino superior			56
colegial	3ª série		64
	2ª série		74
	1ª série		96
ginásio	4ª série		91
	3ª série		106
	2ª série		124
	1ª série		152
primário	4ª série		239
	3ª série		328
	2ª série		446
	1ª série		1.000

Fonte: Romanelli (1978).

Nas décadas seguintes, a pressão popular por mais vagas fará com que as matrículas se expandam. Em 20 anos, o total de inscritos na primeira série do primário passará de 1,7 para quase 4 milhões. A base, portanto, ficará maior em volume de ingressantes, mas o formato de pirâmide que começa larga e fica extremamente pequena no topo permanecerá.

Esse quadro é assim descrito por Otaíza Romanelli (1978:88):

> Ao mesmo tempo que o crescimento da demanda efetiva de educação pressiona o sistema para que este abra amplamente suas portas a uma massa, dia a dia, mais numerosa, ele se fecha em si mesmo, acolhendo apenas parte da população e, depois, selecionando ainda mais essa parte privilegiada, através de um mecanismo que faz com que, de cada 1.000 alunos admitidos à 1ª série em 1960, apenas 56 (ou 5,6%) tenham conseguido ingresso no ensino superior em 1971.

Em artigo publicado em 1957 na *Revista Brasileira de Estudos Pedagógicos*, Anísio Teixeira compara essa situação com a dos Estados Unidos, onde a totalidade das crianças de sete a 13 anos já tinham acesso à educação primária. De cada 1.000 ingressantes, 910 conseguiam concluir o ciclo primário, 620 terminariam aos 18 anos a High School (equivalente hoje ao atual ensino médio) e 320 (ou 32%) ingressariam no ensino superior.

Romanelli, ao comparar as diferentes concepções do que se espera de um sistema educacional nos países desenvolvidos e no Brasil, identificou dois modelos distintos. Num deles, a escola é vista como fator de desenvolvimento social, e por isso o Estado se antecipa às demandas e atua de forma proativa para aumentar a escolarização de sua população. Uma segunda concepção, que acabou vigorando no Brasil, é a de um Estado que, passivamente, só se expande mediante pressão da demanda. Além disso, nas palavras de Regina Gualtieri e Rosário Genta Lugli, o fracasso "na escola" não era compreendido também como fracasso "da escola" (Gualtieri e Lugli, 2012:13).

Anísio Teixeira e outros educadores já denunciavam esse quadro de exclusão, combatendo a ideia — comum na época e até hoje ainda disseminada em alguns círculos — de que a função do sistema educacional seria selecionar aqueles mais aptos a prosseguir nos estudos, como se não fosse sua responsabilidade garantir as condições para que todos progredissem adequadamente, ao menos nas etapas de escolaridade obrigatória.

Dizia Anísio no mesmo artigo, ao comentar a estrutura piramidal das matrículas no Brasil:

> O gráfico revela quanto não está sendo cumprida a função precípua da escola primária, que é a de ministrar uma cultura básica ao povo brasileiro. O ensino primário se vem fazendo um processo *puramente* seletivo. A ênfase está no *puramente*. Com efeito, embora o próprio ensino primário deva contribuir para uma primeira seleção humana, não é esta a sua finalidade precípua. Se todo ele passar a ser um processo de seleção, isto é, de escolha de alguns, destinados a prosseguir a educação em níveis pós-primários, estará prejudicada a sua função essencial. [Teixeira, 1957:5]

Professores

Como se vê, as estatísticas oficiais, mais uma vez, contestam o mito da melhor qualidade da educação no passado. Parte dessa tese é também baseada na afirmação de que os professores tinham bons salários e formação. É curioso, aliás, constatar que esse tipo de argumento saudosista esteve presente desde o início do século XX nos debates públicos, como atestam Paula Vicentini e Rosário Lugli, em *História da profissão docente no brasil: representações em disputa*:

> O autor [em referência a um texto de Luiz Pereira de 1969] faz alusão à ideia — bastante disseminada no campo educacional e também fora dele — de que o professor de outrora era respeitado, ganhava tanto quanto um juiz de direito e gozava de prestígio perante toda a sociedade. Esse tipo de afirmação, de modo geral, se caracterizava pela imprecisão, dada pela referência a um tempo indeterminado e distante que é retomada pelos professores em diferentes momentos de nossa história. [Vicentini e Lugli, 2009:160]

Sobre salários, na pesquisa para este livro não foi encontrada nenhuma série histórica nacional que pudesse ser comparada com as atuais. Entre as dificuldades de se pesquisar os vencimentos naquele período estão as altas taxas de inflação, trocas de moeda, e a enorme diversidade entre níveis de ensino, estados e perfis de escolas.

Mesmo assim, é possível identificar que as queixas do professorado em relação aos seus baixos vencimentos já eram frequentes. Vicentini e Lugli (2009), ao analisarem a cobertura da imprensa na época, identificaram uma tensão entre dois tipos de discursos: um que destacava a recompensa simbólica do magistério (tratando-o como uma missão ou sacerdócio) e outro que demandava, cada vez mais, melhores condições profissionais.

Um artigo publicado na página 6 da edição de 14 de outubro de 1951 da *Folha da Manhã* é exemplar dessa tensão entre os dois discursos. Assinado por P. A. Lencastre, o texto cita as comemorações do Dia do Professor, dizendo:

> Costuma-se lembrar a figura do mestre-escola que se sacrifica, que empenha todas as suas energias para o fiel desempenho de sua nobre

missão. [...] Mas a verdade é que se estão exigindo sacríficos demais do professor [...]. Seria ocioso dizer que, sem uma remuneração condigna, esquecido dos poderes públicos, na hora das reivindicações, o professor não terá estímulo [...]. Muitos há que, chamados ao magistério por uma verdadeira vocação, dele se afastam porque se sentem atemorizados mui justamente ante as incertezas do futuro, que se apresenta cada vez mais indeciso aos que abraçam a carreira. [Lencastre, 1951:6]

Voltando ao trabalho de Vicentini e Lugli, é principalmente a partir dos anos 1950 que o movimento docente, que ganhou impulso com a redemocratização do país, começa a adotar "práticas reivindicatórias mais agressivas para lutar contra a desvalorização salarial, levando os professores a se mobilizarem em atos públicos e a discutir a possibilidade de entrar em greve em diversos estados" (Vicentini e Lugli, 2009:184).

Como dito, não há estatísticas oficiais nacionais da remuneração docente entre as décadas de 1940 a 1960. Mas alguns estudos localizados confirmam que os salários não eram considerados satisfatórios. A pesquisadora do Inep Aparecida Gouveia apresenta, na edição 67 da *Revista Brasileira de Estudos Pedagógicos* de 1957, resultados de uma pesquisa feita no ano anterior com professores primários e secundários no estado do Rio. No caso dos primários, 45% ganhavam entre setembro e dezembro de 1956 menos de Cr$ 3.500 mensais e apenas 7% mais do que Cr$ 6.500. Para efeito de comparação, o salário-mínimo vigente naquele ano desde agosto era de Cr$ 3.800.

Os docentes do ensino secundário recebiam vencimentos melhores, mas, mesmo assim, 21% ganhavam menos de Cr$ 3.500 e outros 22%, entre Cr$ 3.500 e Cr$ 6.500. Apesar da situação relativamente melhor em relação aos docentes do primário, os professores secundaristas eram também os que mais reportavam insatisfação com os salários (86% de insatisfeitos, ante 69% dos primários). Para a autora, isso acontecia devido a "um nível de aspirações mais alto entre os secundários" (Gouveia, 1957:37). A pesquisa mostra, ainda, que a maioria (63%) dos professores analisados era de pessoas casadas ou solteiras que contribuíam de forma complementar para o orçamento familiar, uma evidência condizente com o fato de que o magistério continuava sendo uma ocupação majoritariamente feminina, numa sociedade em que as mulheres ainda tinham pouco acesso a outras carreiras de maior prestígio salarial.

Os jornais da época também trazem evidências de que a remuneração continuaria a ser insatisfatória. Em 1962, uma pequena notícia publicada na página 5 da edição de 19 de outubro da *Folha da Manhã* dizia que o salário-mínimo das professoras primárias do antigo estado da Guanabara aumentaria de Cr$ 23 mil para Cr$ 58 mil. O salário mínimo vigente naquele dia era de Cr$ 13.440, mas logo aumentaria, em janeiro de 1963, para Cr$ 21 mil. Na mesma página, ao lado da notícia, uma propaganda anunciava um sapato masculino por Cr$ 7.600. Ou seja, naquele exato dia, o salário mínimo do professorado primário da Guanabara compraria apenas três pares de sapato. Classificados de empregos de jornais daquele final de semana anunciavam vagas para vendedores por Cr$ 30 mil mensais (mais comissões) e auxiliares de escritório a Cr$ 22 mil (*O Estado de S. Paulo*, 1962:91).

Se os salários, pelas evidências disponíveis, não eram considerados satisfatórios, o que dizer da formação? Neste caso, ao menos há estatísticas nacionais. Em 1950, quase metade (48%) dos professores que davam aula em escolas primárias não tinha o curso Normal, considerado à época o mais adequado para esses profissionais. Em 1957, esse percentual continuava muito parecido: 47% (Romanelli, 1978:162).

E a própria qualidade do corpo docente que dava aulas em escolas normais (portanto, os professores que formavam futuros professores para o ensino primário) também era objeto de críticas. Maria José Garcia Werebe, ao pesquisar o corpo docente de escolas normais no estado de São Paulo em 1958, identificou que apenas 24% deles eram licenciados em pedagogia. A autora criticava também a qualidade da formação no ensino superior:

> O mais grave é que as Faculdades de Filosofia [onde se formavam professores em nível superior à época] não estão em condições de formar professores com a qualificação desejada para o ensino das matérias da Escola Normal. Os cursos de Pedagogia [...] possuem estrutura completamente anacrônica e, por isso mesmo, só chegam a propiciar aos seus alunos uma formação bastante superficial nos vários campos ligados à educação. [Werebe, 1963:220]

Demanda popular

Mesmo sem as condições ideais para uma escola de qualidade, a pressão popular por mais oportunidades de acesso à educação crescia, o que de certa forma demonstrava que as "classes desfavorecidas", para retomar o termo da Constituição do Estado Novo, não aceitariam passivamente o modelo dualista imposto a elas, como revelam os estudos de Celso de Rui Beisiegel e Marilia Sposito.

Ambos pesquisaram o processo de expansão dos ginásios públicos (na época, eles ainda faziam parte do ensino secundário) no estado de São Paulo, no período entre 1945 e 1960. Beisiegel, em "Ação política e expansão das redes de ensino", mostra como a população se organizou para pressionar os deputados estaduais a apresentarem projetos de lei para criação de ginásios em suas comunidades. Os dados analisados por ele mostram que a proximidade das eleições acelerava a entrada desses projetos.

Por um lado, pode-se identificar nesse processo uma característica positiva, pois eram eleitores pressionando políticos a atenderem suas legítimas demandas. Por outro, ele carecia de mais racionalidade, pois, em vez de o poder público identificar, de forma planejada, as áreas que mais necessitavam, prevalecia a maior ou menor força dos deputados estaduais para fazer aprovar os projetos defendidos por sua base eleitoral, levando a uma situação em que nem sempre as áreas que mais precisavam eram atendidas prioritariamente.

Marília Sposito (2001), dando sequência à linha de estudos de Beisiegel, mostra, em *O povo vai à escola*, que esse processo de expansão foi marcado pela precarização das condições de oferta para atender a demanda e pela reação por parte de uma expressiva elite, que identificava no crescimento dos ginásios um risco para a qualidade de uma etapa (o ensino secundário) até então restrita a poucos.

A autora lembra que os grupos escolares foram concebidos inicialmente para serem estabelecimentos-modelo. Eles funcionariam num turno único e eram, em geral, reservados a uma clientela relativamente selecionada. "São numerosos os depoimentos sobre as melhores condições sociais e econômicas dos alunos dos grupos escolares, em confronto com os das escolas isoladas. Contudo, submetidos às pressões por mais vagas, os grupos escolares ampliaram sua oferta, transformando-se em pouco tempo numa 'escola de massa'" (Sposito, 2001:31). Ao longo da primeira metade do século XX, esses estabelecimentos passaram, por exemplo, a funcionar em até três períodos.

A partir da década de 1950, porém, outro expediente para ampliar a oferta começou a ser usado. Como a legislação estadual na época em São Paulo determinava que novos ginásios só poderiam ser criados por projetos de lei (daí o poder que deputados estaduais tinham sobre o assunto), a solução foi criar uma espécie de "puxadinho": ginásios já existentes passariam a ter "seções" em outras localidades.

Os novos espaços, porém, não ofereciam grandes atrativos aos profissionais. Sposito cita como exemplo a dificuldade para atrair diretores:

> Agravava estas resistências, além da inexistência de vantagens salariais, a situação precária de funcionamento das unidades. Ocupando salas de dimensões reduzidas cedidas pelos diretores do grupo escolar, sem recursos materiais, contando com poucos funcionários, repartindo espaços com os cursos de alfabetização de adultos e mantendo atividades em locais de difícil acesso em período noturno. [Sposito, 2001:69]

O início da chegada desse contingente da população mais pobre às salas de aula trouxe tensões que até hoje não foram plenamente superadas, pois a ideia de que cabia ao sistema educacional principalmente selecionar — por meio de exames de admissão e abusando da reprovação desde cedo — os mais aptos a progredirem nos estudos era ainda recorrente.

Esse tipo de discurso foi encontrado na pesquisa de Sposito, na parte em que ela identifica as reações ao processo de expansão dos ginásios aos mais pobres. Em 1957, Carolina Ribeiro, ex-secretária de Educação de São Paulo (foi a primeira mulher a ocupar o cargo, em 1955, na gestão de Jânio Quadros), defendia "a estrutura piramidal do ensino" argumentando que o secundário deveria ser restrito apenas "aos capazes", enquanto as "nulidades que se formassem à margem" (Sposito, 2001:111).

Editoriais de *O Estado de S. Paulo* iam na mesma direção, com argumentos como o de que "a escola média é destinada aos que possuam capacidade para estudos mais elevados" e que "o ensino é eminentemente um trabalho de seleção de melhores" (em 30-6-1950, apud Sposito, 2001:150). É importante sempre lembrar que, naquela época, essa escola média ou secundária começava no que hoje, na atual estrutura da educação brasileira, corresponde ao segundo ciclo do ensino fundamental.

Como bem definiu Maria Helena Souza Patto (1996:343 e 346), em *A produção do fracasso escolar*, o fracasso da escola pública elementar, portanto, não era um mero acaso, mas "o resultado inevitável de um sistema educacional congenitamente gerador de obstáculos à realização de seus objetivos" e "administrado por um discurso científico que, escudado em sua competência, naturaliza esse fracasso aos olhos de todos os envolvidos no processo".

Capítulo 5
Ditadura militar

A frágil democracia brasileira sofreria outro duro golpe no século XX quando militares, apoiados por uma parcela expressiva da sociedade civil, depuseram o presidente João Goulart em 1964, dando início a 21 anos de ditadura. A educação, como todos os setores, não passou ilesa. A violência política foi mais visível no ensino superior: o movimento estudantil foi perseguido, professores cassados, universidades sofreram intervenção militar e tiveram muito de seus reitores destituídos, sem falar nas consequências gerais da censura, tortura e autoritarismo que marcaram o regime.

Na educação básica, uma análise feita por Thomas Kang (2019) nas estatísticas de matrículas e investimento no período demonstra que houve fases distintas da ditadura. Os dois anos inteiros (1962 e 1963) da presidência de João Goulart já indicavam um crescimento expressivo das matrículas, e a tendência continuou nos primeiros anos do novo regime. Considerando o que hoje seriam oito anos do ensino fundamental,[22] o número de matrículas em relação à população total de sete a 14 anos aumentou de 67,5% em 1965 para 91,8% em 1975, uma média de 3,1% ao ano. Entre 1975 e 1985, porém, essa média de expansão cai a 0,6% ao ano, chegando a 97,8% em 1985.

---

[22] O ensino fundamental passou a ter a duração de nove anos em 2006 (com ingresso das crianças de seis anos de idade já no primeiro ano). Mas, nesta análise, para comparação com a faixa etária de sete a 14 anos, considera-se o ensino fundamental de oito anos de duração, que vigorou entre 1971 e 2006, antes com o nome de 1º Grau.

O PONTO A QUE CHEGAMOS

Um cuidado na interpretação desses percentuais é que eles se referem a taxas brutas de matrículas, ou seja, o número total de matriculados no sistema comparado com o total da população na faixa etária adequada para aquela etapa (no caso, sete a 14 anos). Como a repetência continuava altíssima, muitos dos alunos matriculados tinham idade superior à considerada adequada para a etapa em que estudavam, o que tende a elevar o cálculo da taxa e permitindo que ela possa inclusive ser superior a 100%. Portanto, o percentual de 97,8% em 1985 não significava que apenas 2,2% da população de sete a 14 anos estava fora da escola. Este percentual em 1980 era de 18,8% de crianças dessa faixa etária sem estudar.[23] A queda de velocidade na expansão, portanto, não poderia de forma alguma ser justificada pelo fato de a população em idade escolar já estar praticamente com acesso universalizado, algo que viria a acontecer somente ao final do século.

A análise dos investimentos na educação básica (lembrando que eles incluem estados e municípios, os maiores responsáveis por essa etapa) conta história parecida. De 1963 a 1972, o percentual de gastos públicos sai de menos de 1,4% para 2,4% do PIB.[24] A partir de 1973 (ano marcado pela crise do petróleo no cenário internacional e pelo fim do milagre econômico no Brasil), porém, ocorre uma inflexão, e ele fica estagnado ao redor de 2%, mesmo o país tendo ainda um grave déficit educacional não resolvido.

---

[23] O dado que demonstra o percentual de crianças de uma faixa etária específica matriculadas na etapa de ensino considerada adequada à sua idade é a Taxa de Matrícula Líquida. Esse indicador, porém, nem sempre esteve disponível nas séries históricas de educação.

[24] Aqui utilizando dados de Paulo Maduro Junior (2007). Os números de Maduro Junior apresentam pequenas variações em relação à série histórica de Kang, mas demonstram exatamente a mesma tendência.

O que ocorreu de diferente entre esses dois períodos da ditadura militar? Um dos fatores analisados por Kang foi um conjunto de mudanças no sistema tributário entre 1964 e 1967, que inicialmente aumentou a arrecadação de impostos em todos os níveis de governo. Só que essas mesmas reformas tributárias que, inicialmente, geraram alguma condição favorável aos estados e municípios num período de crescimento econômico, também trouxeram prejuízos que passaram a ser mais sentidos no campo educacional depois de 1972.

Isso aconteceu, de acordo com Kang, devido à maior centralização dos recursos nas mãos da União e a uma política comercial e industrial voltada para a exportação que, sem aumentar impostos ou desvalorizar o câmbio, se baseou em benefícios fiscais que prejudicaram a arrecadação de estados e municípios. Além disso, o governo federal poderia ter investido mais em educação básica, mas preferiu privilegiar o superior, mais restrito às elites e onde o foco de resistência política à ditadura era maior.

José Carlos Melchior (1980), um dos autores mais citados na literatura acadêmica sobre a história do financiamento da educação no período, destaca a contradição entre a prática e o discurso em favor da descentralização, argumentando que a reforma tributária implementada nos primeiros anos da ditadura, em nome de políticas fiscais de combate à inflação, acabou sendo a mais concentradora de recursos na mão da União em todo o período Republicano.

O argumento fiscal foi também o utilizado pelo Regime Militar para justificar, em 1967, o fim da vinculação obrigatória de recursos para a educação em todos os entes federativos. Em 1976, chegou a haver uma proposição do senador João Calmon (1916-99) para a volta do mecanismo. Mesmo fazendo parte da base do governo, Calmon viu sua proposta ser rejeitada nesta primeira tentativa.[25] Em dezembro de 1983, já num momento de abertura política e mesmo com oposição do governo Figueiredo, foi finalmente aprovada a Emenda Calmon, que estabelecia o percentual obrigatório de investimento no ensino de 13% para a União e de 25% para estados e municípios. Ela só entraria em vigor em 1985, ao fim da ditadura.

Além de se opor à vinculação dos recursos para o setor, os estudos de Melchior mostram que, ao perceber, a partir de 1972, o quadro declinante no investimento específico da União em educação, o governo militar passou a adotar artifícios contábeis para inflar esse gasto. Despesas de outros ministérios com treinamento de mão de obra, por exemplo, passaram a ser contabilizadas na educação. Com isso, o dispêndio da União em educação e cultura, como porcentagem da receita de impostos, aumentava, por exemplo, de 6,4% para 8,5% em 1972, ou de 6% para 9,6% em 1975. O autor observa que

> este sistema de alocar verbas de outros ministérios somente foi adotado para o setor educação e cultura. Se o mesmo sistema fosse seguido para todos os ministérios, verbas gastas pelo MEC em alimentação de crianças deveriam ir para o Ministério da Saúde; as da Divisão de Segurança e Informação do MEC teriam que ser agregadas ao SNI. [Sistema Nacional de Informação] [Melchior, 1980:52]

Outra ação do governo militar que também contribuiu para diminuir o financiamento direto da educação pública foi a política

---

[25] José Willington Germano (1990) conta que, após pressão do governo, apenas 19 dos 68 senadores que haviam subscrito a primeira proposta de Emenda Constitucional confirmaram seu voto a favor em plenário.

de subsídios ao setor privado.[26] Um exemplo disso foi o destino das verbas do salário-educação. Trata-se de um mecanismo previsto na Constituição de 1946, e regulamentado em 1964, que obrigava empresas com mais de 100 empregados a garantir oferta gratuita de educação primária aos funcionários e seus filhos. Como a maioria dos empregadores não tinha interesse em manter escolas próprias, a lei previa a contribuição ao poder público de 1,4% de sua folha de pagamento (depois ampliada para 2,5%) para essa finalidade. A brecha encontrada na regulamentação da lei no período da ditadura foi permitir a isenção de cobrança às empresas que firmassem convênio de bolsas com escolas particulares. Como mostram Luiz Antônio Cunha e Moacyr de Góes (1986:45), em *O golpe na educação*, a fiscalização era precária, e relatórios do próprio MEC ainda no período da ditadura identificaram vários casos de fraudes, como a concessão de bolsas-fantasmas.

Ampliação da escolaridade

Apesar desses graves retrocessos no financiamento da educação básica, a ditadura militar procurou, ao menos no discurso, dar sinais de que priorizava a educação básica. Na fase mais violenta do regime, entre 1969 e 1974, durante a presidência de Emílio Garrastazu Médici (1905-85), o governo apresentou um plano que previa a universalização da escola primária e o fim do analfabetismo adulto. Como veremos, nenhuma das promessas chegou perto de ser cumprida, mas, ao menos do ponto de vista legal, uma

---

26 Como visto no capítulo anterior, esta prática (assim como a utilização de artifícios contábeis para inflar gastos educacionais) também já havia sido adotada pelos governos anteriores à ditadura.

O PONTO A QUE CHEGAMOS

importante mudança aconteceu em 1971: a ampliação do período de escolaridade obrigatória de quatro para oito anos.

O Brasil era um dos países mais atrasados do mundo neste quesito. De acordo com José Willington Germano (1990), em *Estado militar e educação no Brasil (1964-1985)*, o país se igualava à Mauritânia e superava apenas o Laos, onde o período obrigatório era de três anos. Se acrescentarmos a isso o fato de que o ano letivo previsto era de 180 dias e a carga horária, de quatro horas diárias, o tempo previsto de permanência obrigatória na escola em toda a trajetória escolar de um estudante brasileiro era de apenas 2.880 horas (180 dias × 4 anos × 4 horas diárias). Nesse cálculo, o Brasil, desde a década de 1950, segundo a Unesco, já ficava atrás de vizinhos como o Peru (5.400 horas), Bolívia (5.700), Venezuela (5.700), Colômbia (5.943), Argentina (7.000) e Chile (7.050).[27]

A ampliação da escolaridade obrigatória aconteceu por meio da Lei nº 5.692/1971, que passou a prever um período de oito anos, chamado de 1º Grau (juntando, portanto, os quatro anos do antigo primário com mais quatro do ginásio, que hoje fariam parte do ensino fundamental). Depois dessa etapa de matrícula obrigatória, viria o 2º Grau (antigo colegial, hoje ensino médio). A legislação também aboliu os exames de admissão, mirando, acertadamente, um mecanismo que dificultava a promoção do estudante. Mas, como veremos, isso em nada alterou o quadro de altíssimas taxas de repetência na primeira série, principal gargalo do sistema.

---

[27] Esses dados foram retirados de um artigo de Paulo de Almeida Campos, do Inep, publicado em 1956 na edição 64 da *Revista Brasileira de Estudos Pedagógicos*. Eles foram apresentados numa conferência da Unesco e OEA, no Peru. No artigo original, o Brasil aparece com cinco anos de escolaridade obrigatória. Neste livro foram utilizados como referência quatro anos, já que os cinco anos eram realidade apenas em alguns estados.

DITADURA MILITAR

Nas palavras de Romualdo Portela, em *Estado e política educacional no Brasil*:

O impacto do fim do exame de admissão foi visível e imediato. Rapidamente, ampliam-se as taxas de acesso ao antigo ginásio, agora reunido ao primário em um primeiro grau de oito anos. [...] Ao se ampliar o acesso, visibiliza-se outra exclusão, a que se produz no interior do sistema escolar. Passávamos da exclusão da escola para a exclusão na escola. Os alunos chegavam ao sistema de ensino, lá permanecendo alguns anos, mas não concluíam qualquer etapa do seu processo de formação, em virtude de múltiplas reprovações seguidas de abandono. [Portela, 2006:26]

No ano de aprovação da lei, o então ministro da Educação, Jarbas Passarinho (1920-2016), destacava o fato de que quase 30% das crianças de sete a 14 anos (portanto, a faixa etária obrigatória do novo 1º Grau) não tinham acesso à escola (Germano, 1990:167). Para incluí-las, ainda mais considerando que o país crescia a taxas populacionais elevadas, seria necessário um esforço extra de financiamento da educação básica e melhoria nas taxas de aprovação, o que, como vimos no primeiro caso e logo veremos no segundo, não ocorreu na prática.

Para o ensino de 2º Grau a lei trazia uma proposição ousada, mas que, antes mesmo do fim da ditadura, logo viraria letra morta: a obrigatoriedade de um componente profissionalizante. Por trás dessa mudança estava a percepção, entre os técnicos do governo, de que era preciso ampliar a qualificação da mão de obra empregada nos diversos setores da economia. Na prática, escolas particulares, cujo objetivo de sua clientela era a preparação para o ensino superior, nunca implementaram a mudança. Ela tampouco virou norma no setor público, carente de recursos para tal empreitada.

O PONTO A QUE CHEGAMOS

O governo militar, ao menos no discurso, sabia que precisava enfrentar outro problema grave: as elevadas taxas de analfabetismo adulto (34% em 1970, segundo o IBGE), reconhecida como uma "vergonha nacional" pelo presidente Médici (Germano, 1990:166). E esta era uma área em que, politicamente, o regime precisava mostrar serviço, já que havia combatido os movimentos de educação popular inspirados na pedagogia de Paulo Freire (1921-97), sem ter colocado de imediato nada no lugar.

A resposta da ditadura veio com a criação, em 1967, do Movimento Brasileiro de Alfabetização (Mobral), que só foi iniciar em massa seus trabalhos em 1970 porque, segundo o próprio ministro Passarinho, a verba que seria destinada ao programa "acabou sendo destinada ao ensino universitário para atender ao problema dos excedentes" (Passarinho, 1973:12), alunos que, por falta de vagas, não ingressavam no ensino superior, mesmo tendo sido aprovados em vestibulares.

Dirigentes do Mobral diziam à época que poderiam até usar o método Paulo Freire, desde que "desideologizado", uma contradição em relação à proposta do educador de que a educação fosse também um meio de conscientização política dos oprimidos (Ghiraldelli Jr., 2005:150). Conforme descrevem Leônico Soares e Ana Maria de Oliveira Galvão, em "Uma história da alfabetização de adultos no Brasil":

> Os métodos e o material didático propostos pelo Mobral assemelhavam-se aparentemente aos elaborados no interior dos movimentos de educação e cultura popular, pois também partiam de palavras-chave, retiradas da realidade do alfabetizando adulto para, então, ensinar os padrões silábicos da língua portuguesa. No entanto, as semelhanças eram apenas superficiais, na medida em que todo o conteúdo crítico e problematizador das propostas anteriores foi esvaziado: as mensagens

reforçavam a necessidade do esforço individual do educando para que se integrasse ao processo de modernização e desenvolvimento do país. [Soares e Galvão, 2005:46]

Nas análises dos responsáveis pelo Mobral, o programa funcionava às mil maravilhas. Ao contabilizar o número de atendidos, seus técnicos automaticamente os colocavam na conta de alfabetizados, um erro repetido por sucessivos governos. Para 1977, as projeções do governo indicavam um percentual de 14% de analfabetos,[28] o que seria uma queda significativa se comparada aos 34% de 1970. Faltou combinar com a realidade. E com o IBGE. A Pesquisa Nacional por Amostra de Domicílios (Pnad) de 1977 indicou, para aquele ano, uma taxa de 23,7%. O Censo de 1980, que incluía também os dados de áreas rurais não pesquisadas pela Pnad,[29] traria um número ainda maior: 25,5%.

Legados da ditadura

Analisando tanto o crescimento de matrículas (Maduro Júnior, 2007:21) quanto o gasto federal (Melchior, 1980:79), a área de maior expansão proporcional durante a ditadura militar foi o ensino superior, onde, vale lembrar, havia também maior contestação ao regime. De 1964 a 1985, o total de estudantes nessa etapa passaria de 142 mil para 1,4 milhão, um incremento de 860%, enquanto os ensinos fundamental e médio (na época transformados em 1º e 2º Grau) cresceram 129%.[30] A pós-graduação, partindo de uma base

---

[28] Conforme mostra Ferraro (2019:113), a partir de documentos do próprio Mobral.
[29] As Pnads naquela época não investigavam domicílios nas áreas rurais das regiões Norte e Centro-Oeste, onde as taxas de analfabetismo eram maiores.
[30] Dados da série construída por Paulo Maduro Junior (2007).

O PONTO A QUE CHEGAMOS

bastante diminuta, também deu um salto: entre 1975 e 1984, o número de alunos de mestrado passou de 14.158 para 38.675 e os de doutorado variaram de apenas 756 para 7.400 (Germano, 1990:155). Luiz Antônio Cunha, em "Ensino superior e universidade no Brasil", diz que "sem desconsiderar as danosas consequências que a ditadura militar teve na vida acadêmica, não é possível deixar de levar em conta o fato de que foi nesse período que o processo tardio de formação da universidade brasileira recebeu o maior impulso" até então. Se, por um lado, o Estado perseguiu alunos e professores e atuou com violência em universidades, por outro "uma aliança tácita entre docentes e pesquisadores experientes fez com que as agências de fomento ampliassem em muito os recursos destinados à pós-graduação" (Cunha, 2011:178 e 179).

Essa expansão do sistema universitário no Brasil pode ser lida como positiva se considerarmos que, nesta etapa, de fato o Brasil conseguiu diminuir a distância para países vizinhos, tendo hoje instituições que se mantêm entre as melhores da América Latina de acordo com *rankings* internacionais. Por outro lado, há quem critique essa prioridade, destacando o fato de que o ensino superior era restrito a uma elite. Segundo dados da Pnad/IBGE apresentados pelo Banco Mundial, em 1982, a população com renda média familiar superior a 10 salários-mínimos representava apenas 6% do total do país, mas 47% dos universitários, ao passo que aqueles com renda inferior a dois salários-mínimos eram 59% do total da população, mas apenas 4,5% entre universitários (World Bank, 1989).

Se no ensino superior ao menos podemos dizer que o país reduziu seu atraso no período, o mesmo não vale para o ensino médio (na época, 2º grau), onde, ao contrário, o Brasil da ditadura militar viu outras nações em desenvolvimento avançarem em ritmo mais intenso, conforme destaca um relatório do Banco Mundial publicado ao final da década de 1980 (World Bank, 1989).

Tabela 3
Taxas de matrículas brutas[31] no ensino médio

	1965	1986
Coreia do Sul	35%	95%
Chile	34%	70%
México	17%	55%
Brasil	16%	37%
Média dos países em desenvolvimento	29%	59%

Fonte: World Bank (1989).

O relatório do Banco Mundial já destacava naquela época uma prática comum até hoje no setor público brasileiro: a manutenção de um pequeno grupo de escolas públicas com investimento por aluno muito superior à maioria. Para 1985, por exemplo, o custo anual por aluno em escolas de ensino médio era de US$ 257 nas redes estaduais e de US$ 1.759 nas poucas escolas técnicas federais (no setor privado, essa média era de US$ 535).

Outro relatório da mesma organização (Winkler, 1986), mas focado no ensino de 1º Grau, mostrava as consequências de o Brasil não ter aumentado seu investimento, em proporção do PIB, em educação a partir da década de 1970. Comparado com outros países com níveis similares de renda, o Brasil ficava cada vez mais para trás, alocando em 1983 apenas 2,8% de seu PIB ao setor, um percentual menor do que os 3,9% verificados na média da América Latina. A Coreia do Sul, segundo o mesmo relatório, já investia 7,7% de seu PIB em educação.

---

[31] Taxas de matrículas brutas consideram o número de matrículas numa etapa de ensino (no caso, o ensino médio) e comparam com a população total na faixa etária adequada para esta etapa (no caso brasileiro, 15 a 17 anos). Como pode haver repetência — e, no caso brasileiro, havia muita —, essas taxas podem ser até superiores a 100%, como chegou a acontecer no ensino primário, se o número de matriculados (entre os quais muitos com idade já não adequada) for superior ao da população com idade adequada.

O PONTO A QUE CHEGAMOS

Tudo isso se refletia na formação da população adulta, conforme mostra a tabela seguinte.

Tabela 4
Anos médios de estudo da população adulta (25 ou +)

	1965	1985	Variação
Coreia	4,4	7,8	3,4
Taiwan	3,8	7,0	3,2
Malásia	2,8	5,0	2,2
Indonésia	1,6	3,6	2,0
Tailândia	3,2	4,9	1,7
México	2,8	4,1	1,3
Singapura	3,3	4,6	1,3
Chile	5,0	6,0	1,0
Turquia	2,2	3,2	1,0
Brasil	2,6	3,5	0,9

Fonte: Barro e Wha Lee (1993).

Em resumo, na educação básica, o Brasil já saiu de uma posição atrasada, quadro que se acentuou nos 21 anos do regime militar.

Nancy Birdsall, Barbara Bruns e Richard Sabot (1986:7), em artigo em que analisam a evolução do setor educacional brasileiro entre as décadas de 1960 e 1980, concluem que o Brasil tinha cartas ruins na mão, e ainda as jogou pessimamente. Um dos argumentos dos autores é que, na comparação com países asiáticos, a situação já era desfavorável, devido às maiores taxas de fecundidade aqui (que implicavam maior crescimento da população em idade escolar) e ao fato de que a população adulta já era mais escolarizada naqueles países. Como filhos de pais mais escolarizados têm, em média, desempenho melhor na escola, isso exigiria um esforço maior para educar a população de menor nível socioeconômico, o que não foi feito.

O alto nível de desigualdade e escolhas educacionais e econômicas equivocadas fizeram piorar ainda mais a situação. Ainda de acordo com Birdsall, Bruns e Sabot (1986:11): "A estratégia do Brasil de priorizar o mercado interno [protegendo empresas nacionais da competição internacional] reforçou a inequidade inicial na distribuição de renda porque gerou pouca demanda para trabalhadores mais qualificados." Em contraste, a estratégia agressiva de países da Ásia oriental de priorizar o mercado externo produziu incentivos para a exportação de bens manufaturados e gerou demanda por mais qualificação da mão de obra para competir no mercado internacional.

"Pedagogia da repetência"

Os relatórios do Banco Mundial aqui citados e o texto de Birdsall, Bruns e Sabot destacam também um persistente problema da educação brasileira: sua ineficiência, devido às altíssimas taxas de repetência. Como veremos na segunda parte deste livro, ainda hoje há quem acredite que repetir de ano é benéfico para o aluno que não aprendeu o que era esperado. Se isso fosse verdade, sistemas educacionais de melhor desempenho utilizariam essa estratégia. Mas o Brasil foi, desde sempre, um ponto fora da curva até para padrões de países pobres ou em desenvolvimento.

É isso que mostram os estudos de Ewout Frankema (2008) sobre as causas da desigualdade e do atraso escolar na América Latina. O autor criou um indicador para analisar a distribuição das matrículas no ensino primário, que mede o quanto elas estão concentradas nas primeiras séries. Para poder comparar países com diferentes estruturas na educação básica, foi feito um recorte da 1ª à 6ª série do ensino fundamental (nos anos 1980, ainda chamado de 1º Grau no Brasil). Em nações com repetência zero, por exemplo, o número de matriculados em cada série vai variar muito pouco, pois o total verificado no 1º ano será praticamente igual ao registrado no 6º (não será idêntico apenas porque a população em cada idade pode variar um pouco). Em países como o Brasil e outros latino-americanos, a variação é significativa, porque muitos alunos ficam retidos nos primeiros anos e os abandonam antes de conseguir avançar para as séries posteriores (daí o formato piramidal, discutido em capítulos anteriores).

Pelo indicador de Frankema, chamado de GDR (sigla em inglês para Grade Distribution Ratio, ou razão da distribuição entre as séries), quanto mais próximo de 1,0, menor é essa distorção. As análises feitas pelo autor mostram que na América Latina, diferentemente do padrão de países desenvolvidos ou mesmo da África e da Ásia, essa distorção foi sempre grande e prejudicou os esforços de ampliação da escolaridade. Ao fazer uma comparação com países que na década de 1980 atingiram para os seis primeiros anos do ensino fundamental um número de matrículas compatível com a população em idade escolar, o autor mostra o Brasil (0,27 de GDR) com os piores índices entre 16 analisados, atrás de nações como Laos (0,43), Zimbabwe (0,59), Índia (0,59), Quênia (0,75) ou Botsuana (0,90).

Thomas Kang, Luís Henrique Paese e Nilson Felix (2021), num estudo em que utilizam o indicador de Frankema para comparar regiões do Brasil com países latino-americanos, mostram que nem nas áreas mais ricas a situação era melhor. Sul (0,48) e Sudeste (0,42) tinham indicadores próximos ao da Bolívia (0,44) em 1970. Já o Nordeste (0,24) apresentava um GDR que, de tão baixo, não era sequer próximo ao de qualquer outro país latino-americano para os quais esse indicador estava disponível.

O pior, no caso brasileiro, é que as estatísticas oficiais de repetência eram subestimadas, conforme mostraram ao final da década de 1980 estudos feitos por Sérgio Costa Ribeiro, Philip Fletcher e Ruben Klein. Ao utilizarem dados das pesquisas populacionais do IBGE, em vez de apenas olharem para os registros dos sistemas escolares, os autores identificaram que o principal problema entre a 1ª e a 2ª série do fundamental não era a evasão, mas, antes disso, a repetência, que chegava a atingir mais da metade dos alunos que ingressavam no primeiro ano, sem que isso aumentasse as chances de serem aprovados no ano seguinte. Este diagnóstico era muito semelhante ao realizado pelo estatístico Teixeira de Freitas, citado no capítulo 3, em relação aos indicadores da década de 1930 no Brasil. Ou seja, cinco décadas depois, o problema continuava gravíssimo, conforme mostram as tabelas seguintes, elaboradas por Ruben Klein e Sérgio Costa Ribeiro (1995).

Tabela 5a
Taxa de repetência na 1ª série do ensino fundamental na década de 1930*

1932	66,7
1933	64,4
1934	60
1935	66
1936	59,8
1937	61,2
1938	62,6
1939	59,5
1940	57,6

Tabela 5b
Taxa de repetência na 1ª série do ensino fundamental na década de 1980*

1981	57,1
1982	59,4
1983	57,8
1984	55,5
1985	51,2
1986	50,8
1987	49,3
1988	50,5
1989	47,9
1990	44,7

* Na década de 1930, taxas referem-se ao 1º ano do chamado Primário. Na década de 1980, são referentes ao 1º ano do 1º Grau. Em ambos os casos, a idade adequada para início na série era os sete anos de idade, que hoje correspondem ao 2º ano do atual ensino fundamental.
Fonte: Klein e Ribeiro (1995).

Era o que Sérgio Costa Ribeiro classificou como a "pedagogia da repetência":

Parece que a prática da repetência está contida na pedagogia do sistema como um todo. É como se fizesse parte integral da pedagogia, aceita por todos os agentes do processo de forma *natural*. A persistência desta prática e da proporção desta taxa nos induz a pensar numa verdadeira metodologia pedagógica que subsiste no sistema, apesar de todos os esforços no sentido de universalizar a educação básica no Brasil. [Ribeiro, 1991:18]

Capítulo 6
Redemocratização

"Era um lugar formidável para fazer favores." Esse foi o estranhamento do físico José Goldemberg, quando se tornou ministro da Educação, ao constatar que, apesar das verbas insuficientes para todas as demandas, boa parte do dinheiro federal reservado aos estados e municípios pelo Fundo Nacional de Desenvolvimento da Educação podia ser distribuída de forma totalmente arbitrária pelo titular da pasta. Goldemberg fora reitor da Universidade de São Paulo e secretário estadual de Educação em São Paulo. Sua escolha em 1991, durante o governo Collor, interrompeu uma sequência de cinco indicações sucessivas de políticos para comandar o MEC desde o governo Sarney. "Fui reitor de universidade, ministro de outra pasta [Ciência e Tecnologia], depois ocupei outras funções, e nunca passei por uma função onde houvesse um fundo grande que dependia basicamente da vontade do ministro", disse, em entrevista realizada em 2016.[32]

O uso de recursos educacionais como forma de ampliar a base política e nem sempre em acordo com as demandas prioritárias da população é um dos argumentos centrais da tese de David N. Plank, professor da Escola de Educação da Universidade Stanford, no livro *Política educacional no Brasil: caminhos para a salvação pública*. Ao buscar as razões para o atraso brasileiro no período entre 1930

---

[32] Depoimento ao autor deste livro em Gois (2018). Entrevista disponível em vídeo no site do Observatório de Educação do Instituto Unibanco.

e 1995, Plank inicialmente contesta a ideia de que elas estavam na falta de diagnóstico correto ou na incompetência do Estado para implementar as políticas educacionais mais eficazes. Diz o autor:

> Os objetivos públicos irrepreensíveis atribuídos ao sistema educacional podem ser, e geralmente são, substituídos pelas finalidades buscadas pelos políticos e burocratas responsáveis pela administração do sistema, as quais são, muitas vezes, bem diferentes das metas proclamadas publicamente. Os objetivos formais das políticas incluem o acesso universal ao ensino fundamental, a melhoria da qualidade do ensino e a eliminação do analfabetismo. Em comparação, as metas dos que dirigem o sistema educacional podem muitas vezes incluir coisas tais como a concessão de empregos e benefícios financeiros a clientes e a maximização de apoio eleitoral através da proteção ou favorecimento de interesses particulares. [Plank, 2001:17]

Em sua análise, o autor cita como exemplos desse mecanismo que dá mais importância política ao controle dos meios do que à busca dos objetivos declarados publicamente o empreguismo (uso da nomeação de cargos de professores e diretores como moeda de troca eleitoral); a concessão de bolsas de estudo para escolas particulares (atendendo aos interesses de um segmento com forte influência política); a manutenção da universidade pública gratuita (que, na visão de Plank, privilegiava com recursos públicos uma elite); e a ausência (ou fragilidade) de critérios técnicos tanto na contratação de prestadores de serviço para o poder público quanto na transferência de recursos da União para estados e municípios.

Para Plank, contribuiu para esse quadro no Brasil o sistema eleitoral excessivamente fragmentado, sem partidos políticos com projetos de nação nítidos e com capacidade de colocá-los acima de interesses imediatistas de seus agentes. Alguns desses fatores em alguma medida persistem até hoje, como o excesso de partidos e práticas como o preenchimento de cargos por critérios majoritariamente políticos,[33] em prejuízo dos alunos (Akhtari, Moreira e Trucco, 2022).

Apesar disso, mesmo que em ritmo insatisfatório, o período de redemocratização trouxe, como veremos, também avanços em direção a um sistema mais técnico e profissional no uso dos recursos públicos destinados à educação.

Mudanças

Uma das primeiras alterações trazidas pelos novos ares democráticos foi o fim da proibição ao voto aos analfabetos, conquistado por uma Emenda Constitucional de 1985, depois incorporada à Constituição de 1988. No entanto, mesmo que positiva, essa mudança, por si só, não era suficiente para fazer esse grupo se organizar para pressionar o poder público a atender suas demandas. Essa é a tese de Stephen Kosack (2012), no livro *The education of nations*, onde ele argumenta, a partir da comparação de três países (Brasil, Taiwan e Gana), que a democracia, por si só, não garante mais investimento em educação. A organização política dos mais pobres seria, na análise do então professor de Harvard, o aspecto mais importante.

Hugo Napoleão, terceiro ministro da Educação no governo Sarney, lembra como esse desequilíbrio de forças acabava chegando aos gabinetes do MEC:

---

[33] De acordo com o IBGE (2019), a escolha de diretores por indicação política apenas é a forma mais comum de seleção em 70% dos municípios, mas esse quadro é mais intenso em municípios pequenos. Naqueles com mais de 500 mil habitantes, esse percentual cai para 13%.

O PONTO A QUE CHEGAMOS

A questão é que a grande massa pensante é aquela que é mais erudita, culta, preparada ou, no mínimo, alfabetizada. Essa sabe organizar-se em grupos de pressão, enquanto, infelizmente, os analfabetos não o sabem. Eles não se constituem em grupos, não se constituem em segmentos que possam fazer chegar sua angústia aos poderes da República.[34]

Apesar dessas dificuldades, a redemocratização trouxe novos atores ao cenário educacional, que passariam a ter relevância crescente nos debates públicos. Em 1986, foram criadas associações representativas dos secretários de Educação: a Undime (municipais) e o Consed (estaduais). Posteriormente, organizações da sociedade civil, caso da Campanha Nacional pelo Direito à Educação, em 1999, e do movimento Todos Pela Educação, em 2006, também passaram a ter influência no debate, assim como várias outras associações e fundações criadas com o objetivo de representar atores do setor educacional ou para investimento no setor.

A redemocratização veio acompanhada também de outras mudanças importantes. A Constituição de 1988, além de consolidar a educação como um direito de todos e dever do Estado, aumentou de 13% para 18% o percentual mínimo da receita resultante de impostos a serem obrigatoriamente investidos pela União no setor, mantendo os 25% para estados e municípios, que já eram previstos pela Emenda Calmon.

A série histórica de Paulo Maduro Junior (2007) mostra que, de 1973 a 1985, os gastos no setor ficaram sempre abaixo de 3% do PIB. Em 1984, último ano pleno da ditadura, este percentual era de 2,43%, o menor desde 1965. A partir de 1985 há uma mudança clara de patamar, como pode ser visto no gráfico seguinte.

---

[34] Depoimento ao autor deste livro em Gois (2018). Entrevista disponível em vídeo no site do Observatório de Educação do Instituto Unibanco.

Gráfico 1
Gastos públicos em educação, em % do PIB

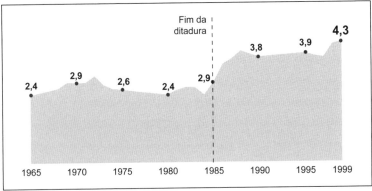

Fonte: Maduro Junior (2007).

No entanto, como sabemos, os 10 primeiros anos da Nova República não foram de calmaria, e os cenários de instabilidade política (a morte de um presidente e o *impeachment* de outro) e econômica (hiperinflação e explosão da dívida pública) também repercutiram na educação. Entre março de 1985 e dezembro de 1994, por exemplo, foram oito ministros, uma média de praticamente um por ano, algo que só viria mudar no governo Fernando Henrique Cardoso, que manteve por oito anos Paulo Renato Souza (1945-2011) no cargo, o mais longevo ministro depois de Capanema.

Financiamento por aluno

Uma das políticas públicas mais importantes para a educação básica na gestão de Paulo Renato Souza foi a aprovação em 1996 do Fundo de Manutenção e Desenvolvimento do Ensino Fundamental e de Valorização do Magistério (Fundef), um fundo que redistribuía recursos entre entes federativos. A principal inovação em sua arquitetura foi que o principal critério para determinar o valor a ser dividido entre estados e municípios era o número de matriculados em cada rede, o que atenuava o problema de subfinanciamento em localidades de menor arrecadação e com uma população em idade escolar relativamente mais alta.

Como lembra Maria Helena Guimarães de Castro,[35] que foi secretária executiva do MEC na gestão de Paulo Renato, a aprovação no Congresso do Fundef não foi fácil. Havia resistências mesmo na base governista, já que, na prática, alguns estados ou municípios com maior arrecadação e proporcionalmente menos alunos sairiam perdendo na divisão dos recursos.

Outra característica importante dessa nova política era que ela previa também uma complementação financeira da União nos estados em que o valor por aluno ficasse abaixo do mínimo estipulado em lei. E ainda determinava que ao menos 60% dos seus recursos fossem destinados à remuneração do magistério.

O Fundef é uma das raras políticas públicas que não só sobreviveram, mas que foram sendo ampliadas e aperfeiçoadas nos governos seguintes. Na gestão Lula, por exemplo, o fundo, antes restrito ao ensino fundamental, passou a abarcar também a educação infantil e o ensino médio, trocando de nome para Fundeb (saiu o "F", de fundamental, para a entrada de "B", de toda a educação básica). Além disso, houve significativo aumento na complementação da União no período.

Em 2020, no governo Bolsonaro, mesmo com oposição inicial do Ministério da Economia e da base bolsonarista no Congresso, o Fundeb tornou-se uma política permanente e, mais uma vez, foi

---

[35] Depoimento ao autor deste livro em Gois (2018). Entrevista disponível em vídeo no site do Observatório de Educação do Instituto Unibanco.

ampliada a participação da União na complementação dos fundos. Para um país em que o governo central, desde os tempos do Império, foi quase sempre omisso no financiamento da educação básica, trata-se de uma mudança significativa de padrão.

A legislação brasileira foi acompanhando também esse processo de ampliação do atendimento. Em 1996, a Lei de Diretrizes e Bases da Educação incluiu, no escopo do sistema de ensino, as creches e pré-escolas, até então mantidas em boa parte dos municípios pelas secretarias de assistência social.

Em 2006, a Lei nº 11.274 ampliou o ensino fundamental (nome pelo qual passou a ser chamado desde 1996 o antigo 1º Grau) de oito para nove anos, antecipando em um ano (dos sete para os seis) a idade inicial de matrícula obrigatória. Em 2009, a Emenda Constitucional nº 59 ampliou a faixa etária de matrícula obrigatória de seis a 14 para quatro a 17 anos, incluindo, na prática, a pré-escola (destinada a crianças de quatro e cinco anos) e o ensino médio (previsto para a faixa de 15 a 17).

Diferentemente do que aconteceu na ditadura — quando se ampliou em 1971 a escolaridade obrigatória de quatro para oito anos sem que os recursos para a educação básica aumentassem —, desta vez esse movimento veio acompanhado do aumento do investimento por aluno. Especialmente entre 2003 e 2014, o Brasil registrou, segundo dados do Inep, aumentos consecutivos nesse gasto, tendo triplicado o valor no período, já considerando a inflação. Isso fez com que a distância entre o que o poder público gasta na educação básica e na superior por aluno diminuísse, conforme mostra o gráfico seguinte.

Gráfico 2
Investimento público por aluno, em valores de 2018

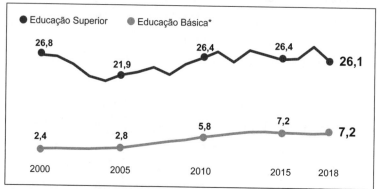

Fonte: Inep/MEC — Tabela elaborada pela Deed/Inep.
*Inclui creches, pré-escolas, ensino fundamental e médio.
Obs.: Valores anuais, em R$ mil, deflacionados para 2018 pelo IPCA.

Como veremos na segunda parte deste livro, este aumento ainda não é suficiente para equiparar gastos por aluno com o verificado hoje em países desenvolvidos (meta difícil de ser alcançada considerando o nível de riqueza das nações), e há uma tendência de estagnação a partir de 2014. Mas o movimento nesse período foi, sem dúvida, significativo.

Num artigo publicado em 2021 pelo Instituto de Pesquisa Econômica Aplicada (Ipea) em que analisam a trajetória da educação desde 1989 no Brasil, Sergei Soares, Letícia Bartholo, Elaine Licio, Alvana Bof, Felipe Martins e Claudio dos Santos destrincham três fatores principais a explicar esse movimento (Soares et al., 2021). O primeiro e mais significativo foi o próprio crescimento do PIB, que, na conta dos autores, explica 58% da expansão no gasto educacional entre 2000 e 2015. Além do crescimento econômico (que gera mais receita ao poder público), houve também um esforço dos governos federal, estaduais e municipais em aumentar, em proporção de suas receitas, o valor investido em educação. O cálculo dos autores indica que esse componente representou, em média, 24%.

Por fim, o terceiro componente relevante (correspondente a 18% da explicação) é demográfico: na década de 2000, o número de nascimentos começou a cair, devido à diminuição nas taxas de fecundidade. Como houve também queda nos indicadores de repetência, esses dois fatores fizeram com que as matrículas no ensino fundamental (que já atende a 99% da população de seis a 14 anos), por exemplo, diminuíssem em números absolutos. Em resumo, com menos população a ser atendida, é mais fácil aumentar o gasto por aluno.

A repetência, mal crônico da educação brasileira, começa a dar sinais de queda também a partir da década de 1990, diminuindo de 35% dos alunos do fundamental em 1981 para 7% em 2019. Para quem estava acostumado com indicadores extraordinariamente altos, esse patamar de 7% pode parecer razoável. No entanto, como veremos na segunda parte deste livro, ainda destoa bastante da média de países desenvolvidos, onde, em geral, fica próximo de zero.

Todo esse esforço resultou, como podemos ver na tabela seguinte, em aumento das matrículas, considerando a taxa de escolarização líquida, ou seja, o percentual de crianças de determinada faixa etária que estavam matriculadas na etapa considerada adequada para sua idade.[36] O salto mais significativo ocorreu de 15 a 17 anos. Se em 1985 apenas 14% dos jovens dessa faixa etária estudavam no médio (na época, 2º Grau), em 2020 esse percentual aumentou para 75%. Como há ainda 20% de jovens de 15 a 17 anos atrasados no fundamental, o percentual dos que frequentam a escola (no médio ou no fundamental) sobe para 95%.

---

36 Diferentemente das taxas de escolarização bruta, onde todos os alunos matriculados em uma determinada etapa (independentemente de sua idade) são divididos pelo total da faixa etária adequada para aquela idade.

Tabela 6
Taxa de escolarização líquida

Faixa etária	1985	2020
0 a 3*	5%	37%
4 e 5**	29%	94%
6 a 14***	80%	98%
15 a 17	14%	75%

* Estimativa feita pelo MEC para o ano de 1989. Não foram encontrados dados de anos anteriores.
** Para 1985, cálculo sobre a base de quatro a seis anos de idade.
*** Para 1985, cálculo sobre a base de sete a 14 anos.
Fonte: Inep/IBGE.[37]

No caso da faixa etária de seis a 14 anos, se considerarmos as crianças que estão ainda atrasadas na pré-escola ou mesmo adiantadas no ensino médio, o percentual de atendimento sobe para 99,4%. Isso significa que, finalmente, quase a totalidade das crianças dessa idade hoje tem assegurado ao menos seu direito de acesso à escola (em breve trataremos da qualidade).

O avanço nos últimos anos aconteceu especialmente em populações mais vulneráveis. Por exemplo, entre 1998 e 2020, o total de crianças e jovens com deficiência matriculadas na educação básica cresceu de 337 mil para 1,3 milhão, e o percentual dessas que passaram a estudar nas mesmas salas que as demais crianças pulou de 13% para 88%.

Mesmo reconhecendo que o quadro é ainda insatisfatório, a comparação de distribuição de matrículas por série hoje e no passado

---

[37] Para zero a três anos, o dado de 1989 consta do relatório *Educação infantil no Brasil: situação atual* (MEC, 1994). Disponível em: www.dominiopublico.gov.br/download/texto/me001779.pdf. Acesso em: 10 abr. 2022. Para sete a 14 e 15 a 17, as taxas referentes a 1985 constam de um relatório produzido em convênio Cedeplar/Inep. Disponível em: www.ernestoamaral.com/docs/IndSoc/biblio/relatorioINEP--CEDEPLAR.pdf. Acesso em: 10 abr. 2022. Para 2020, todas as taxas constam do Anuário brasileiro da educação básica (2021).

mostra bem o quanto avançamos. O gráfico seguinte foi elaborado a partir dos dados do Censo Escolar de 2020. Para cada 1.000 alunos matriculados no 1º ano do ensino fundamental, ele mostra a proporção de estudantes nos anos seguintes. Em muitos casos, o número é superior a 1.000 porque, como há mais repetência em determinados anos, as matrículas podem ficar maiores do que as registradas na etapa inicial. O importante aqui, porém, é perceber como o formato da trajetória se assemelha muito mais hoje a um bloco (apesar de perdas significativas a partir do ensino médio) do que a uma pirâmide, como as que vimos no capítulo 4.

Gráfico 3
Razão das matrículas ao longo dos ensinos fundamental e médio

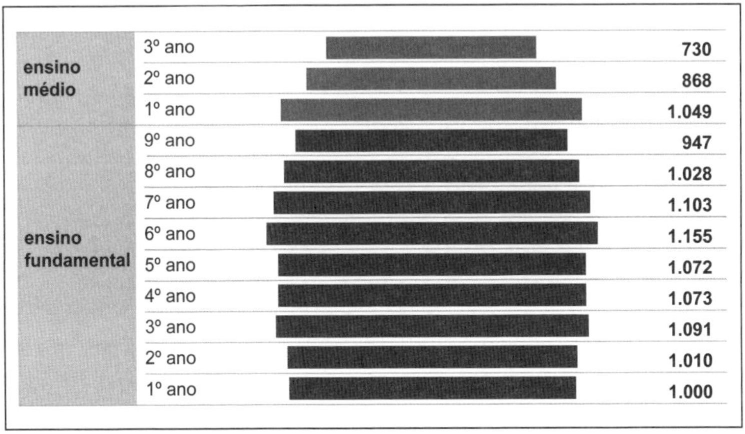

ensino médio	3º ano	730
	2º ano	868
	1º ano	1.049
ensino fundamental	9º ano	947
	8º ano	1.028
	7º ano	1.103
	6º ano	1.155
	5º ano	1.072
	4º ano	1.073
	3º ano	1.091
	2º ano	1.010
	1º ano	1.000

Fonte: Elaboração própria a partir dos dados do Censo Escolar de 2020/Inep.

E este movimento aconteceu não somente na educação básica. É verdade que o ensino superior ainda continua muito restrito, considerando patamares internacionais. Dados do relatório *Education at a glance* de 2021, da Organização para a Cooperação de Desenvolvimento Econômico (OCDE), mostram que apenas 21%

dos adultos de 25 a 34 anos aqui possuíam diploma universitário, percentual que na média dos países da OCDE (em sua maioria, nações desenvolvidas) era mais que o dobro (45%). No entanto, a partir de 1994, houve um aumento expressivo nas matrículas, puxado principalmente pelo setor privado.

Gráfico 4
Matrículas no ensino superior

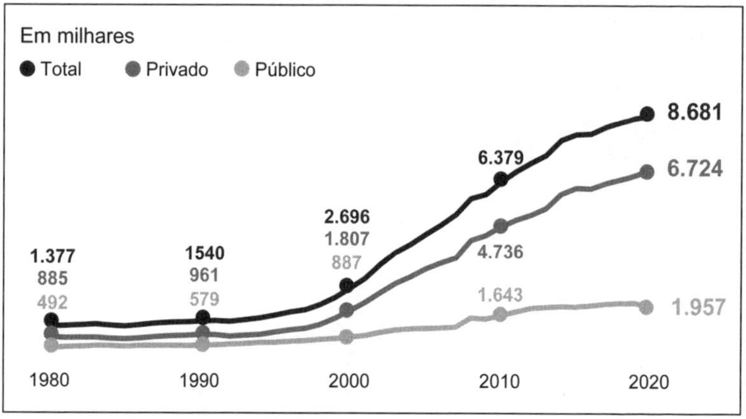

Em milhares
● Total   ● Privado   ● Público

				8.681
			6.379	6.724
		2.696		
		1.807	4.736	
1.377	1540	887		
885	961		1.643	1.957
492	579			
1980	1990	2000	2010	2020

Fonte: Censo da Educação Superior/Inep.

Essa expansão tornou o ensino superior um pouco mais democrático. Adriano Senkevics (2021), ao analisar o perfil dos universitários entre 1991 e 2020, mostra que o percentual de estudantes do ensino superior que se autodeclaravam pretos, pardos ou indígenas aumentou de 15% para 46% no período. Outra maneira de verificar o mesmo fenômeno é que a proporção de alunos entre os 20% mais ricos da população no total de universitários diminuiu de 74% para 40%.

Um conjunto de políticas públicas da redemocratização ajuda a explicar esse fenômeno. Uma primeira delas é a própria expansão das matrículas na educação básica, permitindo que mais jovens de menor nível socioeconômico conseguissem completar o ensino médio e se habilitar a uma vaga no superior.

REDEMOCRATIZAÇÃO

Outra ação que contribuiu para esse resultado foi a já citada expansão do setor privado, que ganhou fôlego a partir de uma estratégia na gestão do ministro Paulo Renato Souza, no governo Fernando Henrique, de facilitar a abertura de vagas nesse setor — o que gerou críticas a respeito da qualidade desse crescimento —, ao mesmo tempo que era elaborado um sistema de avaliação e regulação, exatamente para tentar controlar a qualidade do sistema.

Dados da Pesquisa Nacional por Amostra de Domicílios do IBGE mostram que foi no setor privado — que concentra 77% das matrículas — onde houve maior aumento da proporção de autodeclarados pretos e pardos. Até porque, ao contrário do senso comum de que as públicas eram mais elitistas, nas instituições federais e estaduais esse percentual já era maior do que nas particulares desde o início do século XXI. De 2001 a 2018, a proporção de autodeclarados pretos e pardos aumentou de 18% para 46,6% no setor privado e de 31,5% para 50,3% no público. O ano 2018, aliás, é o primeiro da série histórica em que esse grupo (que no total da população representava 56% à época) foi maioria nas instituições estatais.

Políticas públicas do governo Dilma e Lula foram também muito importantes para esse processo. É o caso da criação do Programa Universidade para Todos (ProUni, programa de bolsas gratuitas para alunos de menor renda em instituições privadas) e da aprovação da Lei de Cotas, em 2012, que consagrou um movimento de ações afirmativas no ensino superior iniciado pelas próprias instituições públicas, a partir de pressão do movimento negro, desde os anos 2000.

A democratização do acesso ao ensino superior, porém, segue inconclusa. Por mais que o crescimento da proporção de pretos, pardos e indígenas tenha sido verificado em todas as áreas, os percentuais ainda eram em 2018 significativamente menores em cursos mais concorridos, de carreiras que apresentam maior remuneração média no mercado de trabalho, caso de medicina (40% em instituições públicas), engenharia (40%) ou odontologia (39%), na comparação, por exemplo, com enfermagem (54%), pedagogia (58%) ou serviço social (60%).[38]

Voltando ao trabalho de Senkevics, outro ponto de atenção é que há sinais preocupantes de estagnação no acesso dos mais pobres à universidade a partir de 2016, ao mesmo tempo que o sistema tem se expandido principalmente via cursos a distância em instituições privadas, o que gera, conforme veremos na segunda parte deste livro, mais preocupações com a qualidade, especialmente no caso da formação de professores.

Professores

Concomitantemente ao crescimento geral das matrículas na educação básica e superior, as políticas públicas na redemocratização também miraram em dois problemas crônicos da educação brasileira: os baixos salários do magistério da educação básica e sua formação inadequada. A remuneração docente segue sendo considerada insatisfatória e a formação recebida pelos futuros professores em universidades ainda gera muitas preocupações, mas, mesmo reconhecendo que ainda estamos longe do ideal, pode-se dizer que houve avanços.

Entre 1989 e 2020, o percentual de professores da educação básica com ensino superior completo deu um salto de 33% para 87%, ao passo que a proporção daqueles que só haviam completado

---

[38] Dados tabulados pela consultoria Idados a partir do Censo da Educação Superior de 2018, reportados nesse texto de minha autoria no jornal *O Globo*. Disponível em: https://blogs.oglobo.globo.com/antonio-gois/post/acesso-e-desigual-cursos.html. Acesso em: 1º abr. 2022.

o ensino médio caiu de 50% para 13%. Professores leigos — com formação apenas de fundamental — hoje são apenas 0,2%, ante 17% verificados em 1989. No já citado artigo publicado pelo Ipea, Sergei Soares e coautores (2021) dizem desconhecer alguma "outra categoria cuja qualificação tenha aumentado tão avassaladoramente em tão curto espaço de tempo".

No mesmo estudo, os autores mostram também que os salários dos professores da educação básica que possuíam nível superior se aproximaram dos vencimentos verificados na média dos demais profissionais com mesma qualificação em outras ocupações. Se em 2004 o salário-hora de professores estaduais e municipais era cerca de 50% do verificado nas demais carreiras universitárias, em 2017, este percentual aumentou para 80%. Ao menos duas políticas públicas da era da redemocratização contribuíram para este movimento: o Fundef/Fundeb, por garantir um mínimo de recursos a serem aplicados na valorização do magistério, e a Lei do Piso, de 2008, que estabeleceu um piso mínimo nacional para o salário docente.

Apesar desse avanço, o país ainda está longe de alcançar uma das metas traçadas no Plano Nacional de Educação, aprovado pelo Congresso em 2014, e que estipulava a equiparação desses vencimentos aos dos demais profissionais. Como veremos na segunda parte deste livro, aumentar a atratividade da carreira docente segue sendo um objetivo essencial para a melhoria da qualidade do ensino.

De que adiantou a ampliação das matrículas e dos gastos se a nossa educação continua muito insatisfatória e seguimos com indicadores muito abaixo dos países ricos? Este debate será explorado em mais profundidade a seguir. Mas, já antecipando uma resposta, não é verdade que a qualidade tenha ficado estagnada ou piorado. Porém, da mesma forma que convém evitar o pessimismo exagerado, tampouco pode haver espaço para o otimismo ingênuo. Temos ainda graves problemas, e o melhor entendimento deles passa, ao menos em parte, pelo reconhecimento de que 200 anos de atraso ainda cobram um alto preço ao país. Por outro lado, não há por que se sentir refém desse passado. Compreender como chegamos ao ponto em que estamos é parte fundamental para avançarmos a partir de um melhor diagnóstico dos desafios do presente, enfoque da segunda parte deste livro.

PARTE 2

Políticas do presente

Capítulo 7
Financiamento e qualidade

O Brasil já gasta uma proporção do PIB em educação superior à média dos países ricos, mas fica entre os piores no Pisa, exame internacional da OCDE que avalia o desempenho de jovens de 15 anos em testes de matemática, leitura e ciências. Eis uma afirmação que, embora verdadeira, pode levar a um diagnóstico equivocado dos problemas atuais se não for considerado, entre outros fatores, nosso atraso histórico no setor.

De fato, como vimos no capítulo anterior, houve significativo aumento nos investimentos educacionais públicos, especialmente nas duas últimas décadas. Entre 2000 e 2018, de acordo com o Inep, a proporção do gasto estatal direto em educação passou de 3,9% para 5,2% do PIB.[39] Este percentual já é, de acordo com o relatório *Education at a glance* de 2021, acima dos 4,1% verificados na média de países da OCDE, que são, em sua maioria, nações desenvolvidas.[40] E a situação ruim do Brasil no Pisa não é novidade: na edição de 2018, a posição do país no *ranking* de 79 nações comparadas oscilou entre a 55ª e a 72ª, a depender da prova e da margem de erro.[41]

---

[39] Se nessa conta forem incluídas as transferências do setor público para o privado — caso, por exemplo, do programa de financiamento de mensalidades (Fies) —, este percentual sobe para 6,2%. A OCDE, na comparação entre países no seu relatório anual *Education at a glance*, utilizou para 2018 o percentual de 5% ao se referir ao Brasil, mais próximo, portanto, do cálculo do Inep que exclui essas transferências.

[40] O *Education at a glance* ("Um olhar sobre a educação", em tradução livre) é um relatório anual divulgado pela OCDE com dados comparativos de alguns países na educação.

[41] Faixas do Brasil no *ranking*, considerando a margem de erro: leitura (55º a 59º); matemática (69º a 72º) e ciências (64º a 67º).

A situação ainda insatisfatória do Brasil na educação é lembrada de forma recorrente por aqueles que criticam o resultado do aumento recente de investimentos no setor. O programa de governo apresentado pelo candidato eleito Jair Bolsonaro em 2018, por exemplo, dizia que "gastamos como os melhores" e "educamos como os piores".

O debate sobre o nível de gastos públicos e sua eficiência é necessário e pertinente, mas ele não pode ser feito (ou, ao menos, não deveria) sem considerar o atraso histórico do Brasil. O gráfico seguinte utiliza a série de Paulo Maduro Junior (2007) de 1933 a 1999 e compara com a série histórica dos Estados Unidos, disponível no site USGovernmentspending.com. Ele mostra que, ao longo de todo o século passado, em nenhum momento o Brasil investiu em educação algo proporcionalmente próximo do verificado nos Estados Unidos, apenas para citar um exemplo de nação desenvolvida com estatísticas históricas facilmente disponíveis.

Gráfico 5
Proporção do gasto público em educação, em percentual do PIB

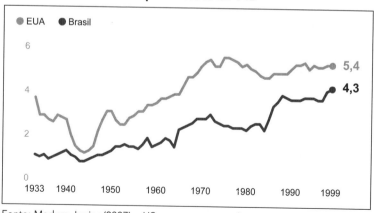

Fonte: Maduro Junior (2007) e USgovernmentspending.com.

O mesmo pode ser verificado quando se compara a média de investimentos em educação dos países da OCDE com as do Brasil nas últimas cinco décadas, conforme feito por Olavo Nogueira Filho (2021), em *Reformas educacionais de terceira geração e sua efetividade*.

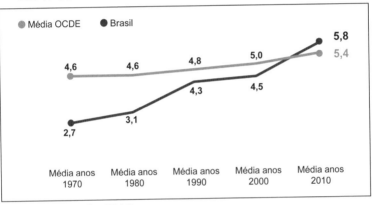

Gráfico 6
Investimento público em educação
em % do PIB — 1970-2010 — Média OCDE vs. Brasil

Fonte: Nogueira Filho (2021).

Uma questão que é frequentemente esquecida em comparações superficiais dos resultados de alunos em testes de aprendizagem é que o principal determinante do desempenho medido por esses instrumentos é o nível socioeconômico das famílias. Esta é provavelmente a evidência mais consolidada na literatura acadêmica de avaliação educacional desde que o sociólogo norte-americano James Coleman (1926-95) identificou, em 1966, que os fatores extraescolares (especialmente a renda e escolaridade dos pais) explicavam muito mais as notas dos alunos do que os intraescolares (condições da escola ou professores, por exemplo) (Coleman, 1966). Isto significa que boa parte do que é mensurado pelos exames aplicados aos alunos hoje captura, na verdade, efeitos da escolaridade de seus pais. Portanto, países cuja população adulta tem maior nível de instrução por causa dos esforços públicos feitos no passado apresentam uma vantagem na comparação com nações onde esse investimento foi tardio.

Mas isso não explica tudo. Um debate honesto sobre a comparação de gastos e resultados entre diferentes nações precisa considerar também que o percentual do PIB é um indicador relevante, por mostrar o esforço que cada país faz considerando suas riquezas, porém não suficiente. De novo de acordo com o relatório *Education at a glance* de 2021, o investimento público por aluno no Brasil na educação básica era equivalente a apenas 37% do registrado na média da OCDE.[42] Ou seja, mesmo investindo proporcionalmente mais de seu PIB no setor, o Brasil não chega nem perto das nações desenvolvidas quando esse gasto é traduzido em valor por aluno, já que seu PIB *per capita* é muito menor.

Esses dados não invalidam o debate sobre a necessidade de melhorar a eficiência do gasto público. Mas alertam que, à luz do atraso histórico educacional e do que sabemos sobre os fatores que mais influenciam no desempenho dos estudantes em testes, é irrealista esperar que o Brasil apresente resultados iguais aos de nações ricas e com histórico de investimento no setor gastando apenas pouco mais de um terço do registrado por aluno nessas nações.

Com o atual nível de recursos, até onde então poderia chegar o Brasil nessas comparações internacionais? Certamente não há resposta precisa para esta pergunta. Mas uma pista pode ser buscada nos resultados de Sobral (CE), a rede municipal que mais vem se destacando nos últimos anos nas avaliações nacionais. Em 2017,

---

[42] São US$ 3.748 de média por aluno no Brasil, em comparação com US$ 10.101 da OCDE, em dólares PPP, que já considera o poder de compra de cada moeda no respectivo país para permitir comparações menos imprecisas.

FINANCIAMENTO E QUALIDADE

no mesmo ano em que apresentou o melhor Índice de Desenvolvimento da Educação Básica (Ideb) para o ensino fundamental, os alunos da rede municipal participaram também de uma avaliação experimental do Pisa em escolas. Em leitura, a média dos alunos sobralenses foi de 427 pontos na escala do exame. Foi um resultado significativamente superior à média brasileira (407), mas, ainda assim, muito abaixo da OCDE (493).[43]

Outra pista pode ser encontrada nos próprios relatórios do Pisa, que, a cada edição do exame, apresentam um gráfico comparando o investimento acumulado por aluno e os resultados dos estudantes. Para 2018, esta conta foi feita para a prova de leitura. No nível de gastos do Brasil (US$ 38 mil dólares por aluno acumulados ao longo de toda a educação básica), nenhum país supera a média da OCDE. Olhando para as nações latino-americanas, com um histórico econômico e social mais próximo ao nosso, algumas conseguem ter melhores resultados gastando um pouco menos (caso do México), outras se saem pior gastando um pouco mais (exemplo da Argentina).

As análises feitas pela OCDE identificam que há um grupo de países, no qual o Brasil está incluído, onde o maior investimento por aluno está correlacionado com a melhoria do desempenho, pois, na média, à medida que aumentam os gastos, melhoram também os resultados. A partir de determinado ponto (na análise da OCDE, US$ 50 mil por aluno acumulados ao longo de toda a educação básica), no entanto, essa correlação desaparece (OECD, 2020:98).

---

43 O POVO. Alunos de Sobral têm desempenho superior à média do Brasil. O Povo, 1 mai. 2019. Disponível em: www.opovo.com.br/jornal/cidades/2019/04/30/alunos-de-sobral-tem-desempenho-superior-a-media-do-pais.html. Acesso em: 10 abr. 2019).

Outras pesquisas

Por mais relevantes que sejam os dados do Pisa, é preciso também lembrar que esta não é a única avaliação internacional da qual o Brasil faz parte. Em 2021, por exemplo, a Unesco divulgou resultados de um exame de matemática, ciências e leitura realizado em 16 nações latino-americanas.[44] Entre 2013 e 2019, o Brasil foi o segundo país que mais melhorou na região, atrás apenas do Peru, tendo ficado à frente em alguns exames até mesmo de Cuba, Uruguai e Argentina, nações com passado de melhores indicadores educacionais que os nossos.[45]

Os resultados da Unesco podem parecer muito discrepantes em relação aos do Pisa, mas é preciso lembrar que, no primeiro caso, a comparação é feita com países de perfis socioeconômicos mais próximos, enquanto, no segundo, nações desenvolvidas formam a maioria dos avaliados. Além disso, as etapas mensuradas são diferentes. Enquanto o Pisa é aplicado a jovens de 15 anos (idade em que deveriam estar no 1º ano do ensino médio), o exame da Unesco é feito com alunos do 4º e 7º ano do ensino fundamental (séries em que é esperado que as crianças tenham, respectivamente, nove e 12 anos de idade).

Esse melhor desempenho do Brasil nos anos iniciais é coerente com o que dizem as avaliações nacionais. Mais uma vez contradizendo a narrativa de que a educação brasileira está pior hoje do que era no passado e de que nas últimas décadas só pioramos ou estagnamos, os dados do Sistema de Avaliação da Educação Brasileira (Saeb) mostram que, em 1995, apenas 39% das crianças apresentavam aprendizado adequado em leitura e 19% em matemática.

---

[44] Estudo Regional Comparativo e Explicativo (Erce). Resultados disponíveis em: https://lleceunesco.org. Acesso em: 1º abr. 2022.

[45] O Chile, país que costuma apresentar os melhores resultados da América do Sul no Pisa, não participou da edição de 2019 do Erce.

FINANCIAMENTO E QUALIDADE

Em 2019, esses percentuais aumentaram, respectivamente, para 61% e 52%, de acordo com a escala de interpretação elaborada pelo movimento Todos Pela Educação a partir dos resultados do Saeb.[46] Se os avanços foram significativos nos anos iniciais do ensino fundamental, o mesmo não pode ser dito do ensino médio, onde somente 37% dos jovens que terminam esta etapa apresentam resultados considerados adequados em língua portuguesa e 10% em matemática. A melhoria nos anos iniciais, portanto, ainda não chegou ao final da educação básica, e este é um dado muito preocupante. É preciso, porém, considerar que de 1994 a 2020 a proporção de jovens de 15 a 17 anos matriculados no ensino médio saltou de 21% para 75%, o que significa que mais estudantes de nível socioeconômico mais baixo estão conseguindo alcançar esta etapa.

As análises dos resultados de alunos brasileiros em testes de aprendizagem costumam ser as mais utilizadas no debate sobre os resultados do investimento público no setor. No entanto, esses instrumentos não são unanimidade entre especialistas da educação, pois há quem os critique, entre outras razões, por oferecerem um retrato impreciso ou limitado do que se espera do processo educacional. Mesmo entre os que defendem sua utilização como um dos instrumentos para acompanhar se o direito à educação de qualidade está sendo cumprido, há o reconhecimento de que há outros impactos relevantes que não são mensurados por provas.

Ana Luiza Barbosa e Joana Melo Costa (2017), ao analisarem dados de mercado de trabalho no Brasil entre 2000 e 2015, encontraram efeito positivo e significativo da oferta de creche sobre a

---

[46] Não há escala oficial do MEC para indicar qual patamar deve ser considerado adequado ou não. Mesmo assim, a tendência de melhoria pode ser observada se forem comparadas as médias dos alunos nesse período. Em leitura, por exemplo, a melhoria entre 1995 e 2019 foi de 177 pontos para 215 pontos no 5º ano. Em matemática, para a mesma série e no mesmo período, a evolução foi de 174 para 228 pontos.

probabilidade de mães participarem do mercado de trabalho. José Eustáquio Diniz Alves e Suzana Cavenaghi (2004) identificaram que, em favelas cariocas, mulheres com maior nível de instrução tinham menos filhos que as demais nas mesmas áreas e um padrão similar ao de mulheres com mesma escolaridade fora de favelas. Um estudo de Daniel Cerqueira e coautores (2016) identificou que cada aumento de 1% de jovens de 15 a 17 anos em escolas estava associado a uma queda de 2% nos homicídios. Ricardo Paes de Barros, Laura Machado, Samuel Franco, Daiane Zanon e Grazielly Rocha (2021) estimam que a perda econômica com a evasão escolar no Brasil é da ordem de 3,3% do PIB anual. Luciano Salomão e Naercio Menezes-Filho (2022) concluíram que a melhoria da progressão (percentual de alunos que completam o ensino médio e participam do Enem) e da aprendizagem (medida pelas médias do Enem) tem impactos positivos no aumento da empregabilidade, no ingresso no ensino superior e na redução de crimes entre jovens. Além disso, dados do IBGE mostram sistematicamente que pessoas com nível superior têm melhor renda e menor desemprego.

Esses são apenas alguns dos estudos recentes feitos no Brasil. E eles vão na mesma direção da literatura acadêmica internacional nesses tópicos.[47] Em pesquisas onde foi possível acompanhar uma geração de estudantes pela vida adulta, é possível verificar, por exemplo, que os investimentos na primeira infância levam a um menor envolvimento em crimes, menores taxas de desemprego e menor probabilidade de gravidez na adolescência.[48]

---

[47] O economista Claudio Ferraz, em texto publicado em 26 de junho de 2019 no portal *Nexo*, traz um bom resumo dessas pesquisas. Disponível em: www.nexojornal. com.br/colunistas/2019/Em-busca-da-qualidade-e-da-quantidade-na-educação. Acesso em: 1º abr. 2022.

[48] São vários a confirmar esse impacto, mas o mais famoso é James Heckman, da Universidade de Chicago, Prêmio Nobel de Economia.

FINANCIAMENTO E QUALIDADE

Kirabo Jackson e Claire Mackevicius (2021) revisaram 31 estudos que analisam o impacto do aumento do investimento em educação e identificaram que 29 relatavam resultados positivos. E os ganhos mais relevantes não foram em notas em testes, mas em fatores como aumento nas taxas de conclusão do ensino médio e de ingresso no ensino superior. Outro trabalho de Jackson com coautores (2015) identificou que adultos americanos beneficiados na infância por aumento de gastos públicos em educação tiveram melhores níveis de renda e menores taxas de desemprego, envolvimento em crimes e pobreza.

A partir de todas essas evidências, podemos concluir que é um equívoco olhar apenas para os resultados em testes, por mais relevantes que eles também sejam, ao investigar o retorno do aumento imediato dos investimentos em educação. Esses dados não esgotam o debate sobre a necessidade de melhorar a eficiência de nossas políticas públicas educacionais, uma agenda que segue muito relevante. Quando analisamos em mais detalhes as experiências recentes, é possível identificar programas nitidamente ineficientes considerando o volume investido — caso da expansão do Fies (Financiamento Estudantil) e do Ciências Sem Fronteiras na graduação — e outros que foram bastante eficazes em seus propósitos — caso do ProUni e da política de cotas. Parte do esforço para melhorarmos a qualidade de nossas políticas passa também pela análise mais aprofundada de cada uma delas.

Capítulo 8
Analfabetismo

De que adianta termos colocado mais gente na escola, se agora estamos formando analfabetos funcionais? Este é outro argumento muito utilizado na defesa da tese de que a escola pública do passado tinha mais qualidade, e que a expansão recente de gastos e matrículas de pouco serviu. Um primeiro problema nesta análise é que somente a partir de 1995 o país passou a ter um sistema de avaliação que pudesse ser comparado historicamente, com testes de matemática e língua portuguesa. Também foi só a partir do ano 2000 que o país começou a participar de exames internacionais, como o Pisa. Este, aliás, pode ser outro legado da redemocratização a ser valorizado: apesar de suas limitações, ao menos hoje temos indicadores objetivos da aprendizagem.

Não é possível, portanto, comparar o ensino de antigamente e o de hoje com os atuais instrumentos. Mas é razoável a hipótese de que, se toda a população em idade escolar fosse avaliada, teríamos resultados muito piores no passado, quando havia proporcionalmente mais analfabetos e crianças sem estudar.

Tabela 7
Percentual de analfabetos na população de 15 anos ou mais de idade

1900	65,3%
1920	65,0%
1940	56,1%
1950	50,6%
1960	39,7%
1970	33,7%
1980	25,9%
1991	19,7%
2000	13,6%
2010	9,6%
2020	5,8%

Fonte: Censo e Pnad 2020/IBGE.

No caso do analfabetismo, apesar de inúmeras promessas de diferentes governos de erradicação do problema, os indicadores nacionais mostram que essa taxa cai principalmente pelo efeito inercial demográfico. Entre os jovens de 15 a 19 anos, a proporção de brasileiros que não sabiam ler nem escrever era de 0,7% em 2019. Na faixa etária de 65 anos ou mais, chegava a 20,7%. O país está próximo de erradicar o analfabetismo em sua população mais jovem. Mas o atraso histórico no setor cobra o seu preço.

Tabela 8
Analfabetismo por idade

Faixa etária	% de analfabetos
15 a 19 anos	0,7
20 a 24 anos	1,0
25 a 34 anos	1,6
35 a 44 anos	3,9
45 a 54 anos	6,8
55 a 64 anos	10,7
65 ou mais anos	20,7

Fonte: Pnad Contínua 2019/IBGE.

As taxas calculadas pelo IBGE, no entanto, medem apenas o analfabetismo bruto, perguntando ao entrevistado se sabe ler e escrever um bilhete simples. É, portanto, uma informação declarada ao pesquisador. Ela é relevante por permitir a comparação de uma longa série histórica, mas insuficiente para averiguar a qualidade. Neste caso, o melhor instrumento disponível é o Indicador de Alfabetismo Funcional (Inaf), organizado pelo Instituto Paulo Montenegro, Ibope Inteligência e ONG Ação Educativa. Apesar de não ser uma pesquisa oficial, é a única que avalia o desempenho de adultos, aplicando testes de leitura, escrita e matemática.

O Inaf estabelece cinco níveis de desempenho: analfabeto; rudimentar; elementar; intermediário e proficiente. Os brasileiros no nível rudimentar são o que poderíamos chamar de analfabetos funcionais: capazes apenas de localizar informações explícitas em textos curtos, ou de fazer contas matemáticas simples. No total da população adulta, 29% eram considerados analfabetos totais ou funcionais em 2018, um dado extremamente preocupante.

Por trabalhar com uma amostra representativa de toda a população adulta do país, o Inaf permite, entre outros recortes, comparar gerações. Coerentes com os dados do IBGE, os resultados mostram que, na faixa etária de 50 a 64 anos, havia 20% de analfabetos plenos e 34% de funcionais. Na população de 15 a 24, esses percentuais são, respectivamente, de 1% e 11%.

Mesmo quando a análise se restringe apenas aos que completaram o ensino médio, ainda assim os resultados das gerações mais novas são significativamente melhores do que entre os mais velhos. Nesse seleto grupo de brasileiros que concluíram a última etapa do que hoje é a educação básica, o percentual de analfabetos funcionais na população de 15 a 24 anos é de 5%. Entre 50 e 64 anos, aumenta para 23%.[49] A escola do presente, portanto, não produz mais analfabetos funcionais do que a do passado. Pelo contrário.

Tabela 9
Percentual de analfabetos funcionais apenas entre quem completou o ensino médio, por idade

Faixa etária	Analfabetos funcionais (%)	Elementar (%)	Alfabetismo consolidado* (%)
15 a 24	5	38	57
25 a 34	10	44	46
35 a 49	18	45	37
50 a 64	23	43	34

* Soma dos que são classificados como proficientes ou intermediários.
Fonte: Inaf.

Mais uma vez, cabe a ressalva de que o fato de o nível de analfabetismo da população brasileira hoje ser melhor do que no passado não significa que os atuais indicadores sejam satisfatórios. E tampouco podemos afirmar que a torneira já esteja completamente fechada.

Em 2016, uma avaliação feita pelo MEC no aprendizado de leitura e matemática em crianças matriculadas no 3º ano do ensino fundamental mostrou que apenas 45% delas apresentavam níveis suficientes de proficiência em leitura e matemática. Entre alunos de maior nível socioeconômico, essa proporção subia para 68%, percentual que caía para 23% no caso das crianças de famílias mais pobres e menos escolarizadas (Anuário Brasileiro da Educação Básica, 2021).

Como as crianças passam mais tempo na escola hoje, isso não significa que concluam a educação básica com essas deficiências. Mas o fato de já apresentarem essas lacunas nos anos iniciais traz

---

[49] Todos esses dados podem ser acessados em: https://alfabetismofuncional.org.br/perfil-demografico-e-regional/. Acesso em: 1º abr. 2022.

prejuízos para as etapas posteriores, onde as expectativas de aprendizagem se tornam mais elevadas.

Guerra dos métodos

Os resultados insatisfatórios na alfabetização de crianças têm gerado por vezes acalorados debates entre especialistas a respeito dos melhores métodos. Esta é uma discussão pertinente, mas também prejudicada por falsos mitos do passado que influenciam políticas públicas do presente.

Em 2020, após seu governo ter divulgado uma nova Política Nacional de Alfabetização, o presidente Jair Bolsonaro fez uma defesa, de modo tosco como de costume, dos métodos de alfabetização do passado, citando uma popular cartilha muito utilizada nas décadas de 1950 a 1970: "Os livros hoje em dia, como regra, são um montão de amontoado de muita coisa escrita. Tem que suavizar aquilo. Em falar em suavizar, estudei na cartilha 'Caminho suave', você nunca esquece."[50]

A *Caminho suave* era uma cartilha que associava imagens a letras, enfatizando a separação por sílabas. Na página referente à letra "V", por exemplo, uma imagem de uma vaca vinha acompanhada das sílabas "va" e "ca", seguida de pequenas frases que serviam para forçar a repetição daquela letra. O foco estava no domínio do código, sem tanta preocupação com o sentido ou a mensagem dos textos utilizados.

A referência do presidente aos livros que trazem "muita coisa escrita" é, provavelmente, reflexo de um movimento que ganhou força a partir dos anos 1980 no Brasil, quando as ideias da psico-

---

[50] Disponível em: www.bbc.com/portuguese/brasil-51070840. Acesso em: 1º abr. 2022.

linguista argentina Emilia Ferreiro, inspiradas em teorias construtivistas (Ferreiro foi aluna de Jean Piaget), se tornaram populares na educação brasileira. Esse movimento veio acompanhado de uma crítica às cartilhas da época, entre outros pontos, por utilizarem textos artificiais e descontextualizados, focados demasiadamente na assimilação de códigos. A proposta, entre outros pontos, era a de que as crianças fossem desde cedo já expostas a textos reais e contextualizados, para que se apropriassem das funções sociais da escrita e valorizassem o conhecimento que já possuíam.

Em reação à disseminação de estratégias de alfabetização inspiradas no construtivismo,[51] alguns especialistas passaram a criticar o rumo que essas políticas haviam tomado, argumentando, entre outros pontos, que era necessário nas fases iniciais primeiro consolidar a capacidade de reconhecer e decodificar as letras e sons, adquirindo desta forma a consciência fonológica e fonêmica. Entre os argumentos apresentados por este grupo estava o de que alguns relatórios internacionais produzidos por comunidades científicas a pedido de governos recomendavam, entre outros pontos, a ênfase na consciência fonêmica. O mais citado desses documentos é o *Report of the national reading panel*, elaborado para o governo dos EUA em 2000.

As disputas entre essas correntes de especialistas não se restringiram ao Brasil. Nos Estados Unidos, de tão intensas, passaram a ser chamadas de *reading wars* (guerras da alfabetização, em tradução livre), que opunham principalmente defensores do método Global (mais próximo das teorias construtivistas por partir de frases de um texto real para iniciar o processo de alfabetização) e do fônico (que enfatiza inicialmente o domínio do código para relacionar letras e sons).

---

[51] Não há, propriamente, um "método construtivista".

No Brasil, pode-se dizer que os Parâmetros Curriculares Nacionais (Brasil, 1997), elaborados na década de 1990, sofreram influência dos educadores mais alinhados ao construtivismo. Já a Política Nacional de Alfabetização (Brasil, 2019) do governo Bolsonaro, de 2019, é aderente ao segundo grupo, de defensores do método fônico.

O debate qualificado e embasado, opondo visões distintas de especialistas, é próprio e desejável em qualquer democracia. Por vezes, porém, essa disputa no Brasil esbarrava, mesmo nos meios acadêmicos, em simplificações e extremos, como se os defensores do método fônico se resumissem a vendedores de cartilhas arcaicas, ou como se as práticas pedagógicas inspiradas no construtivismo fossem as principais responsáveis pelos resultados insatisfatórios do Brasil nos exames nacionais e internacionais.

Um exemplo desse segundo tipo de argumento pode ser visto no livro *Alfabetização: método fônico*, de Fernando Capovilla e Alessandra Capovilla. Dizem os autores:

> A consequência da opção cega dos PCNs [Parâmetros Curriculares Nacionais] pelo método global e da insistência crônica das autoridades em impingi-lo sobre os alfabetizadores nos últimos anos está aí, e salta aos olhos mesmo de quem não quer ver: na recém-divulgada avaliação de competência de leitura do Programa Internacional de Avaliação de Alunos (Pisa) promovida pela Organização para Cooperação e Desenvolvimento Econômico (OCDE), o Brasil ocupou a escandalosa posição de último lugar do mundo. [Capovilla, 2004:8]

Argumento muito parecido a este foi utilizado pelo então ministro da Educação em 2021, Milton Ribeiro, ao explicar as políticas de sua gestão para combater o analfabetismo em entrevista ao programa *Canal Livre*, da TV Bandeirantes:

A escolha por alternativas pedagógicas para mim equivocadas no passado gerou isso que estamos vendo hoje, que são crianças com nove anos de idade que não sabem ler. E eu me lembro que quando eu tinha seis para sete anos, eu já estava alfabetizado. Então, a educação pública só piorou. E isso foi por causa da escolha equivocada de alguns métodos pedagógicos que foram implantados.[52]

Um primeiro contraponto a estas afirmações é a evidência, já bastante enfatizada aqui, de que o sistema educacional brasileiro nunca teve qualidade satisfatória. As altíssimas taxas de repetência na primeira série verificadas nos anuários estatísticos ao longo de todo o século XX comprovam que a maioria das crianças, antes ou depois do construtivismo ou de qualquer outra corrente pedagógica recente, não aprendia o que delas se esperava na etapa de alfabetização.

A afirmação de que a adoção nos PCNs (que são de 1997) de métodos de alfabetização inspirados no construtivismo teve como *consequência* os resultados ruins no Pisa (a primeira edição do exame foi em 2000) também carece de base sólida. Nenhum dos relatórios produzidos pela OCDE (organização que coordena o Pisa) para explicar os motivos do desempenho pior de alguns países nas provas de leitura, matemática ou ciências associa esse resultado ao método utilizado na alfabetização. Além dos níveis de investimento diferenciados, as análises produzidas pela organização e por terceiros[53] ao olhar para os países líderes apontam para fatores estruturais como atratividade da carreira docente, boa formação inicial dos professo-

---

[52] Entrevista em 19 de abril de 2021. Disponível em: www.youtube.com/watch?v=fOf3iDxXGc4. Acesso em: 1º abr. 2022.

[53] Um dos mais citados relatórios independentes foi produzido pela consultoria McKninsey (2007).

res, políticas de desenvolvimento profissional constante ao longo da carreira e uma cultura de altas expectativas de aprendizagem para todas as crianças, mirando a equidade do sistema.

Identificar exageros retóricos ou simplificações não significa, obviamente, que o debate científico sobre as melhores formas de alfabetizar crianças deva ser interditado. Ele foi e continuará sendo relevante, mas ganharíamos muito se alinhássemos expectativas mais realistas.

Num estudo realizado em 2007 com alunos da rede pública do Rio Grande do Sul, Nilma Fontanive, Ruben Klein, Leandro Marino, Mariza Abreu e Sônia Bier (2010) analisaram a proficiência de alunos no 1º e 2º ano do ensino fundamental em leitura, escrita e matemática. O objetivo do estudo era contribuir para a definição de uma matriz de competências para essas áreas, mas os autores separaram os estudantes em quatro grupos para serem comparados. Em dois deles era possível identificar nitidamente a preferência pelo método fônico ou a inspiração construtivista nos programas adotados. Num terceiro essa distinção não era nítida, e o quarto servia como controle, ou seja, de escolas que não adotaram nenhum programa de alfabetização específico.

Na comparação direta do método fônico com o inspirado em teorias construtivistas, ao final do segundo ano, 16% dos alunos que foram alfabetizados com o fônico estavam nos dois (entre oito) níveis mais avançados na escala de desempenho em leitura e escrita, o que indica, entre outras habilidades, que já conseguiam escrever frases utilizando todas as palavras oferecidas nas questões de forma coerente e com poucos desvios. Nas escolas que trabalharam com programas inspirados no construtivismo, este percentual foi de 7%. No grupo daquelas que trabalham com o programa onde não estava nítida a distinção entre os métodos, o percentual foi de

15%. Por fim, nas escolas que serviram como controle, a proporção foi de 11%.[54]

Não se pretende aqui, ao citar a evidência de um único estudo, esgotar um debate que é muito mais amplo e complexo. Desenhos de pesquisa, métricas escolhidas e etapas em que foram feitas as avaliações, por exemplo, podem influenciar os resultados, por melhor que seja a metodologia. O ponto é argumentar que a simples adoção de um método, mesmo que seja aquele com mais evidências científicas possíveis, não vai levar isoladamente a educação brasileira ao patamar das nações desenvolvidas. Antes fosse tão simples.

De novo podemos utilizar o exemplo de Sobral (CE), que apresenta os melhores indicadores de alfabetização nas avaliações nacionais, para reforçar esse argumento. O município utiliza o método fônico, e as avaliações locais aplicadas aos alunos na etapa de alfabetização enfatizam bastante a capacidade de distinguir sons e letras. No entanto, como sempre ressaltam em entrevistas as autoridades sobralenses, é um erro pinçar um único elemento como o explicativo dos bons resultados.

Louisee Cruz e André Loureiro (2020:1), em relatório divulgado pelo Banco Mundial a respeito de Sobral, destacam entre o conjunto de fatores as avaliações externas feitas pelo município, o "currículo com foco e com uma sequência clara de aprendizado, priorizando as habilidades fundamentais", "professores preparados e motivados" (a formação docente no município é constante), e uma "gestão escolar autônoma e responsável, com diretores escolares

---

[54] Outra maneira de analisar esse resultado é olhar para o outro extremo, do percentual de crianças nos níveis mais baixos da escala: pelo método fônico, esta proporção era de 23,6%. No programa de inspiração construtivista, o percentual foi de 30,7%. No terceiro grupo (sem identificação clara do método), foram 21,6%. Por fim, no grupo de controle, o resultado foi de 25,6%.

nomeados por meio de critérios seletivos técnicos e meritocráticos".
Sobre este último item, Sobral acabou com a prática, ainda muito
comum na maioria dos municípios brasileiros, de indicação política
de diretores de escola.

O relatório mostra ainda que, entre 2001 e 2015, o investimento
por aluno foi de US$ 543 para US$ 1.340. Segundo as autoridades
sobralenses, esse aumento permitiu que as escolas pudessem ter
melhor infraestrutura e que todos os professores tivessem formação
em nível superior.[55] Outro ponto muito destacado na experiência
do município foi o incentivo financeiro para atrair os melhores
professores para a alfabetização, rompendo uma lógica (até hoje
muito comum em todo o país) de que professores dos anos iniciais
tenham pior remuneração.

Em 2020, um estudo dos pesquisadores Mariane Koslinski e
Tiago Bartholo levantou outra hipótese, não excludente,[56] a essas
anteriormente mapeadas: políticas intersetoriais na primeira infância que contribuem para que as crianças sobralenses ingressem na
pré-escola em condições mais favoráveis ao aprendizado. Mesmo
que a função da educação infantil seja muito mais ampla do que
preparar para a alfabetização, os pesquisadores identificaram que,
já aos quatro anos de idade, 74% das crianças eram capazes de
conhecer a maioria das letras, um resultado muito melhor do que
o verificado em outros municípios onde o mesmo instrumento de
avaliação foi aplicado.

Fica claro no caso sobralense que, sem desmerecer a importância de cada uma dessas ações isoladamente, o que explica os bons

---

55 Depoimento de Cid Gomes em Gois (2018).
56 Uma descrição da pesquisa pode ser acessada em: https://oglobo.globo.com/
brasil/acoes-na-primeira-infancia-impactam-positivamente-aprendizagem-revela-
-pesquisa-24551822. Acesso em: 1º abr. 2022.

resultados no geral é um conjunto de ações coordenadas, coerentes e sustentáveis ao longo do tempo. É positivo identificar que, mesmo sendo ainda poucos, há exemplos de municípios e estados que conseguem avançar com essa visão sistêmica. O desafio, enorme e inconcluso no Brasil, é fazer isso em escala nacional.

Capítulo 9
Professores

Desde sua primeira edição, em 2000, o Pisa (exame internacional da OCDE) vem comparando o desempenho de jovens de 15 anos em testes de leitura, matemática e ciências. Nem todos os especialistas concordam com as métricas ou mesmo com a pertinência de confrontar resultados de países tão distintos, mas, para o bem ou para o mal, é inegável sua força em pautar o debate público. Em 2007, um relatório da consultoria McKinsey teve grande repercussão ao identificar três características em comum nos sistemas educacionais de melhor desempenho: atratividade da carreira docente; formação de qualidade com desenvolvimento constante desses profissionais; e um sistema de altas expectativas, que assegura a melhor instrução possível a todas as crianças.

Duas das três variáveis mais importantes a explicar, segundo o relatório, o sucesso de alguns países são, portanto, diretamente relacionadas com a carreira docente. E a terceira, por óbvio, só pode ser viabilizada por meio da atuação desses profissionais. Esses resultados são intuitivos e corroboram o que uma vasta literatura acadêmica no tópico vem demonstrando: considerando os fatores internos à escola, o que mais explica o desempenho dos alunos é a qualidade de seus professores. Para isso, é preciso políticas públicas que tornem a carreira atrativa, que garantam boas condições de formação inicial e desenvolvimento profissional contínuo, e que haja apoio e condições adequadas de trabalho. Três itens essenciais nos quais, apesar de algumas melhorias recentes, o Brasil tem falhado sistematicamente, no passado e no presente.

A atratividade da carreira está muito relacionada ao prestígio social da profissão. Como vimos na primeira parte deste livro, é difícil comparar a remuneração média dos docentes de hoje com a do século passado, mas os poucos dados e relatos dos professores nas mais diferentes épocas indicam que eles já demonstravam publicamente insatisfação com seus vencimentos. Além disso, a dificuldade de atrair e manter profissionais qualificados para as escolas foi uma queixa constante desde os tempos do Império.

Os efeitos da baixa atratividade da carreira docente podem ser percebidos já no momento de ingresso na universidade. Um estudo publicado em 2010 por Paula Louzano, Valéria Rocha, Gabriela Moriconi e Romualdo Portela mostra que, entre os estudantes que estavam entre 20% de melhores médias no Enem, apenas 5% declaravam interesse em se tornar professores do ensino fundamental ou médio. No outro extremo (de alunos entre os 20% de pior desempenho), esta proporção era de 16%. Na média, os autores concluem que "apenas 10% dos interessados na carreira docente estão entre os melhores alunos [a julgar pelas médias do Enem] do ensino médio do país" (Louzano et al., 2010:551).

Outro estudo a constatar o mesmo fenômeno foi divulgado pela OCDE (2018). Na média dos países da organização (em sua maioria, nações desenvolvidas), 4,2% dos jovens de 15 anos que fizeram o Pisa manifestavam interesse em se tornarem professores da educação básica, percentual que era de 2,4% por aqui. O Brasil também estava no grupo de nações em que a distância no desempenho dos alunos entre aqueles que desejavam seguir a carreira docente e os demais estava entre as maiores.

Uma análise das pesquisadoras Bernardete Gatti, Elba de Sá Barreto, Marli Eliza de André e Patrícia de Almeida (2019) mostra

PROFESSORES

também que o perfil do estudante de cursos de licenciatura está mudando, com aumento da proporção de universitários oriundos de famílias em que os pais tinham no máximo completado o primeiro ciclo do ensino fundamental (de 51% para 57% entre 2005 e 2014).

Os cursos de licenciatura continuam sendo majoritariamente femininos (73% das matrículas, segundo o Censo da Educação Superior de 2020), mas registram uma proporção cada vez maior de autodeclarados pretos ou pardos (na maioria das licenciaturas e na pedagogia já superam 50%). Essa mudança no perfil de alunos é reflexo de uma boa notícia — a democratização do acesso ao ensino superior —, mas o fato de estar mais concentrada na formação de professores (o movimento é bem menos intenso em áreas onde há mais disputa por vagas, como medicina e engenharias) é um indicativo de que uma parcela dos que optam por cursos ligados à carreira docente pode não ter feito essa escolha por vocação, mas, sim, porque o ingresso era mais facilitado.

Os salários verificados no mercado de trabalho são parte fundamental da equação para entender por que a carreira docente tem menos atratividade do que outras. Como vimos no capítulo que tratou do período de redemocratização, a distância entre professores e os demais profissionais com formação superior vem diminuindo. Segundo o painel de acompanhamento das metas do Plano Nacional de Educação, feito pelo Inep, a proporção do salário de um professor da educação básica em comparação com os demais profissionais com diploma universitário passou de 65% para 81% de 2012 a 2020.

Outro resultado desse esforço concentrado no setor público foi que, em 2017, um levantamento do Inep[57] mostrou que professores de redes municipais e estaduais já recebiam, em média, remuneração

---

[57] Disponível em: www.gov.br/inep/pt-br/assuntos/noticias/censo-escolar/ metodologia-inedita-do-inep-abre-debate-sobre-remuneracao-media-de-professor- -da-educacao-basica. Acesso em: 1º abr. 2022.

superior à verificada na rede privada. A melhor situação é na rede federal, mas onde estão menos de 1% dos docentes da educação básica.

Tabela 10
Remuneração média dos docentes da educação básica

Rede	Percentual de professores sobre o total	Média salarial*	Média de horas semanais do contrato
Federal	0,6%	R$ 7.768	39,3
Estadual	18,0%	R$ 3.476	31,1
Municipal	26,7%	R$ 3.116	30,6
Público	45,3%	R$ 3.335	30,9
Privada	9,5%	R$ 2.599	30,2

Fonte: Inep.
* Ajustada para 40 horas semanais.
Obs.: Cálculos feitos pelo Inep a partir da Rais, plataforma do governo federal que considera apenas os salários informados pelos empregadores no setor público ou formalizado. Valores relativos ao ano de 2017.

Também é preciso considerar que há significativas variações dentro da carreira. Por exemplo, consulta feita na plataforma Salario.com.br,[58] que disponibiliza os valores registrados para todas as ocupações no Cadastro Geral de Empregados e Desempregados (Caged), mostra que em janeiro de 2022 a remuneração média por hora de um professor de matemática no ensino médio era de R$ 48, valor que era de R$ 33 para um docente com nível superior que dava aula no fundamental, ou de R$ 13 em creches.[59] Aqui se repete um padrão histórico de remunerações mais baixas nas etapas iniciais da educação básica, apesar de todas as evidências

---

[58] Disponível em: Salario.com.br. Acesso em: fev. 2022.
[59] Como há maior proporção de professores em creches sem ensino superior completo, essa média mais baixa pode estar refletindo também este fenômeno.

recentes que mostram o quão fundamental é o desenvolvimento na primeira infância.

Neste debate sobre remuneração docente, por vezes se questiona se há relação direta com o desempenho dos alunos. Uma simples correlação nem sempre mostra efeitos imediatos, mas é no longo prazo que eles são mais significativos, justamente por afetarem a atratividade da carreira.

Num artigo publicado na revista *Education Next*, Eric Hannushek, Marc Piopiunik e Simon Wiederhold (2019) analisaram os resultados de um exame de linguagem e matemática aplicado a adultos em 31 países da OCDE (o Brasil, portanto, não faz parte do levantamento). O objetivo era investigar se países onde os salários dos professores eram mais atrativos (sempre na comparação com as demais ocupações universitárias) conseguiam mesmo atrair profissionais mais qualificados e se isso resultava em melhor desempenho dos jovens no Pisa. A resposta para ambas as perguntas foi sim, ainda que os autores argumentem que a simples elevação dos salários médios não é, sozinha, garantia suficiente de melhoria da qualidade.

Formação

De fato, salários, por mais relevantes que sejam, não são capazes de isoladamente garantir um salto de qualidade. Para isso, outro fator essencial é a formação recebida nos cursos superiores. O questionamento à qualidade da formação docente para o exercício da prática não é um tema restrito ao Brasil. Linda Darling-Hammond, professora da Universidade Stanford especializada no tópico, descreve como esse movimento aconteceu nos Estados Unidos, com o surgimento de propostas que facilitassem o ingresso na profissão de profissionais formados em outras áreas. A revisão de estudos feitos pela autora indica, porém, que, no contexto dos EUA, a formação em cursos superiores, apesar da necessidade de ajustes, segue relevante: "As reformas na formação docente que criaram programas mais estreitamente integrados com uma extensa preparação prática, entrelaçados com cursos sobre ensino e aprendizagem, produzem professores que são mais eficazes e que têm maior probabilidade de entrar na carreira e de permanecer nela" (Darling-Hammond, 2015).

Bernardete Gatti (2010), em estudo que analisou propostas curriculares de cursos de licenciatura em pedagogia, língua portuguesa, matemática e ciências biológicas, identificou que esse entrelaçamento entre teoria e prática e um enfoque especial sobre o ensino e a aprendizagem eram também deficiências desses cursos no Brasil. A autora constatou que muitas licenciaturas eram orientadas mais para a formação de bacharéis em sua área do que propriamente de professores da educação básica.

Afirmou a autora em entrevista à *Revista da Fapesp*, em 2018:

> Persistem problemas arraigados desde a criação dos primeiros cursos de licenciatura no país e a mentalidade de que para formar o professor basta que ele domine os conhecimentos de sua área. Esse discurso relega o conhecimento pedagógico. Professores com licenciatura em pedagogia geralmente trabalham com a educação infantil e a alfabetização de crianças e adultos. Para isso, estudam psicologia da educação e práticas de ensino. Mas em outras áreas, como língua portuguesa e biologia, que vão formar os professores para o ensino fundamental ou médio, os cursos de licenciatura não oferecem uma formação sólida em educação.[60]

---

[60] Disponível em: revistapesquisa.fapesp.br/bernardete-angelina-gatti-por-uma--politica-de-formacao-de-professores/. Acesso em: 1º abr. 2022.

Ao mesmo tempo que ainda se debate qualidade dos currículos dos cursos de formação, outra preocupação surgiu no horizonte dos especialistas. Como já destacado no capítulo sobre a redemocratização, a proporção de professores com nível superior teve significativo aumento no Brasil, passando de 33% para 87% entre 1989 e 2020. Nos últimos anos, porém, o principal motor dessa expansão são os cursos a distância no setor privado. Dados do Censo da Educação Superior do MEC mostram que, entre 2010 e 2020, a proporção de ingressantes em cursos de formação de professores nessa modalidade ampliou de 34% para 73%.

O crescimento das licenciaturas a distância é preocupante, entre outros motivos, porque as instituições privadas que mais investem nesses cursos apresentam, na média geral, resultados piores nas avaliações do MEC em relação às demais, conforme demonstra estudo de Carlos Eduardo Bielschowsky (2020). Analisando especificamente os cursos de pedagogia, Bielshowsky e Maria Paula Dallari Bucci (2021) identificam que 65% dos alunos na modalidade a distância dos 10 maiores grupos privados estudavam em cursos com conceito insuficiente no Enade (exame oficial do MEC aplicado a universitários). Na média de todos os cursos presenciais, essa proporção era de 20%.

O crescimento da formação em ensino superior também não tem sido suficiente para garantir que todos os docentes na educação básica tenham formação compatível com a disciplina em que lecionam. O *Anuário brasileiro da educação básica* de 2021 mostra, por exemplo, que apenas 60% dos professores nos anos finais do ensino fundamental e 65% no ensino médio possuíam formação compatível com a disciplina em que lecionam (por exemplo, formado em licenciatura em química que efetivamente dá aulas de química no ensino médio).

E há outro problema, que não é restrito às licenciaturas, mas que em algumas delas é ainda mais grave: as altas taxas de evasão. O Censo da Educação Superior mostra que 75% dos que haviam ingressado em licenciaturas de física no ano de 2010 haviam abandonado o curso até 2019, proporção que era de 66% em química, 65% em sociologia e matemática, e 59% em língua portuguesa (a média de todos os cursos superiores é também 59%).

Rachel Rabelo e Suzana Cavenaghi (2021), ao realizarem um estudo da formação e trajetória profissional dos professores de física, química, biologia e matemática, identificam o mesmo problema de evasão no ensino superior, mas chamam atenção para outro desafio. Ao acompanharem o caminho dos docentes no mercado de trabalho, encontraram que menos da metade dos formados em licenciaturas dessas áreas permanecem cinco anos depois em sala de aula atuando na mesma disciplina.

Em resumo, as pesquisas mostram que a carreira docente atrai menos candidatos do que deveria, uma vez ingressando em cursos de formação, a maioria os abandona antes da conclusão e, uma vez no mercado de trabalho — ao menos em algumas disciplinas para as quais há evidência —, poucos permanecem lecionando em sua área de formação.

"Fornecedores de aulas"

Mas há ainda outros gargalos no desenvolvimento de melhores políticas públicas para o magistério. Um deles está nas condições de trabalho. Gabriela Moriconi, Nelson Gimenes e Luciana Leme (2021), ao compararem estatísticas do Brasil com as do Japão, Estados Unidos e França, identificaram uma característica em que destoamos demais da média dessas nações: por aqui é muito mais comum que professores sejam contratados em tempo parcial e atuem em mais de uma escola, o que leva a acumularem um número maior de turmas. A pesquisa mostra que 45% dos docentes do segundo ciclo do ensino fundamental trabalham em mais de uma escola, percentual que é de apenas 4,7% na França, 2,7% no Japão e 1,7% nos EUA. Uma das conclusões do estudo é que professores são vistos como "fornecedores de aulas" em diferentes estabelecimentos, em vez de integrantes plenos de uma comunidade escolar.

Entre os fatores que contribuem para esse quadro no Brasil, podem-se citar algumas heranças do passado, como o pouco tempo em que alunos ficam em sala de aula (com divisões do atendimento em dois ou até três turnos diários) e a falta de divisão nítida de responsabilidades (no segundo ciclo do fundamental, ainda é comum encontrar cidades onde redes estaduais e municipais mantêm escolas que atendem alunos da mesma faixa etária). Isso aumenta as chances de um professor lecionar em mais de uma escola, e até em mais de uma rede.

Todos esses problemas, como era de se esperar, impactam a qualidade da aula. Martin Carnoy, Amber Gove e Jeffery Marshall (2009), ao observarem professores atuando entre 2002 e 2003 em Cuba, Chile e Brasil, constataram que os estudantes daqui gastavam significativamente mais tempo copiando instruções do quadro. Barbara Bruns e Javier Luque (2015), num estudo baseado na observação de mais de 15 mil salas de aula em sete países da América Latina e Caribe, identificaram que 35% do tempo de aula no Brasil era perdido para tarefas como fazer chamada, limpar o quadro, corrigir deveres, distribuir trabalhos ou tentar manter a disciplina. Pela escala utilizada no estudo, o ideal era que esse percentual não ultrapassasse 15%.

No trabalho de Bruns e Luque, os pesquisadores encontraram uma situação curiosa: era comum em escolas no Brasil e demais países que a qualidade da aula, medida por esse instrumento, variasse muito de um professor para outro no mesmo estabelecimento. Num colégio de Minas Gerais, por exemplo, enquanto numa sala de aula 80% do tempo era direcionado para a instrução, em outra vizinha esse percentual não passava de 20%. Para os autores, isso mostra que "existe claramente um grande espaço para os diretores promoverem mais intercâmbio das práticas dentro de suas escolas" (Bruns e Luque, 2015:23).

A atuação desse profissional citado por Bruns e Luque é, de fato, também essencial para a melhoria da aprendizagem e bem-estar dos alunos. Entre os fatores intraescolares que mais explicam o desempenho dos estudantes, apenas os professores superam a importância dos diretores, conforme mostra uma revisão de estudos internacionais por Kenneth Leithwood, Karen Seashore Louis, Stephen Anderson e Kyla Wahlstrom (2004).

O problema, assim como acontece com os professores, é que esses profissionais também têm formação inadequada (apenas 10% concluíram curso em gestão escolar com mais de 80 horas de duração),[61] o critério de nomeação política ainda é o mais comum em 70% dos municípios (IBGE, 2019) e a sobrecarga de trabalho e falta de orientações nítidas sobre o que deles se espera fazem com que percam demasiado tempo com tarefas burocráticas, em vez de se concentrarem em ações com mais impacto na aprendizagem, como a melhoria do clima escolar e o apoio ao desenvolvimento profissional dos professores.

Num estudo feito em 16 países da América Latina, Javier Torrecilla e Marcela Carrasco (2013) identificaram que a maior parte do tempo dos diretores em 15 das nações investigadas (Brasil inclusive) era dedicada a tarefas administrativas. A única exceção era Cuba,

---

[61] Censo Escolar de 2018.

onde supervisionar, avaliar e apoiar professores era a ação que mais tomava tempo dos gestores locais.

Sistemas educacionais de alto desempenho no mundo têm investido cada vez mais na formação de suas lideranças na escola. Elas são vistas como essenciais para fazer desses espaços comunidades de aprendizagem profissional constante. Um dos países que é referência nesse campo é Singapura. Num estudo que comparou as condições de trabalho de professores em 48 nações, a OCDE identificou que os docentes daquele país tinham uma das maiores jornadas de trabalho semanal (46 horas, ante 39 de média da OCDE e 30 do Brasil). Só que o tempo dedicado somente a atividades dentro de sala de aula era menor (18 em Singapura, 21 na OCDE e 22 no Brasil), o que significa que, na média, na maior parte do tempo os professores daquele país estão em atividades de desenvolvimento profissional ou de preparação das aulas (OECD, 2018).

Quando visitei este país asiático em 2018, durante as pesquisas para o livro *Líderes na escola: o que fazem bons diretores e diretoras, e como os melhores sistemas educacionais do mundo os selecionam, formam e apoiam*,[62] pude perceber como isso acontecia na prática. Professores, em geral, trabalham em uma única escola, e o horário das aulas vai de 7h30 às 13h30. Após o almoço, todos voltam para salas de reunião, onde se encontram com outros profissionais para trocar experiências ou participar de atividades de capacitação profissional. Essas atividades são lideradas por colegas que passam a ter parte ou, em alguns casos, até mesmo a totalidade de sua carga horária dedicada a funções de mentoria, colaboração e coordenação de esforços entre pares. Ao chegarem ao posto de diretor, esses profissionais já acumulam uma experiência de liderança e apoio aos professores, que acaba sendo retroalimentada pelo sistema, criando uma cultura de colaboração permanente.

---

62 Disponível para *download* gratuito em: mod.lk/lideresc. Acesso em: 1º abr. 2022.

É injusto comparar acriticamente resultados de países com culturas e estágios tão diferentes de desenvolvimento econômico e social. Mas olhar para experiências exitosas, no Brasil e no mundo, pode fornecer pistas de caminhos a serem adaptados em cada contexto. O certo — e nada surpreendente — é que nenhuma política educacional será exitosa se não olhar para a atratividade, formação e condições de trabalho de seus professores e diretores.

Num estudo em que pesquisaram o resultado de grandes reformas educacionais nos Estados Unidos ao longo da história, David Cohen e Jal Mehta (2017) identificaram que políticas que pretendiam mudar o modo como professores ensinam em sala de aula eram as mais desafiadoras. Uma característica das poucas reformas bem-sucedidas nesse sentido era o apoio intensivo a esses profissionais, seu convencimento sobre a necessidade de mudança, além de respaldo popular às políticas.

Conforme concluem Fernando Abrucio e Catarina Segatto:

> É muito comum que atores sociais falem da necessidade de modernizar a educação e criar uma pedagogia do século XXI. Pois bem: todo esse processo só ocorrerá se houver um norte de reformas e mudanças de longo prazo centradas na profissão docente. Todo o restante das medidas reformistas dependerá de termos professores melhores e mais motivados. As histórias de sucesso no plano internacional apontam que esse é o caminho mais seguro para o sucesso educacional. [Abrucio e Segatto, 2021:159]

Capítulo 10

Repetência

Apesar das significativas quedas nas três últimas décadas, o padrão de repetência no Brasil ainda é muito alto. Entre as 78 nações comparadas no Pisa, apenas três (Marrocos, Colômbia e Líbano) apresentavam em 2018 proporções de repetentes superiores às daqui, onde 34% de estudantes de 15 anos afirmaram terem repetido de ano ao menos uma vez em sua trajetória. Na maioria dos países da amostra, essa proporção é inferior a 10%, e em alguns a taxa é zero (Noruega e Japão) ou bem próximo disso (Islândia, Sérvia, Reino Unido e Finlândia, entre outros).

Uma parte da dificuldade para enfrentar o problema no Brasil está no entendimento, ainda comum, de que o bom professor é aquele rigoroso, que não deixa passar de ano o aluno que não aprendeu, tal como supostamente acontecia no passado. A tese de que a repetência é uma boa estratégia é até hoje majoritária entre os professores da educação básica, pois 60% concordam com a afirmação de que "repetir de ano é bom para o aluno que não apresentou desempenho satisfatório".[63]

Em educação, identificar evidências sólidas em relação aos efeitos positivos ou negativos de determinadas ações sobre os estudantes é tarefa extremamente desafiadora. A aprendizagem é um processo complexo, que sofre impacto de fatores variados, sendo alguns

---

63 Este é um dado que consta do questionário do Saeb (Sistema de Avaliação da Educação Básica), respondido em 2019 por 198 mil docentes da educação básica.

relacionados com o que se passa no ambiente escolar e outros que nada têm a ver com a competência ou esforço individual de alunos ou professores em sala de aula. Políticas que funcionam num contexto podem se mostrar ineficazes em outro, tornando ainda mais difícil a tarefa de quem procura em pesquisas científicas uma resposta simples e objetiva sobre o que deve ser feito para melhorar a qualidade do ensino. Uma das raríssimas exceções na literatura acadêmica internacional é em relação à reprovação.

No livro *Visible learning* ("Aprendizagem visível"), o pesquisador neozelandês John Hattie (2012) esmiuçou os achados de 800 meta-análises no campo educacional. Esse tipo de pesquisa tende a ser mais robusta por sintetizar os resultados de vários estudos sobre um mesmo tópico, fornecendo, portanto, uma visão mais ampla sobre a eficácia ou não de uma determinada ação. Entre 138 estratégias analisadas por Hattie, a maioria apresenta resultados moderados, mas cinco destoam das demais por terem efeitos negativos. Uma delas é a repetência. Após analisar o que dizem sete meta-análises que compilaram 207 estudos, Hattie (2012:93) conclui: "é difícil achar outra prática educacional em que a evidência é tão inequivocamente negativa".

Os estudos analisados por Hattie confirmam o que pesquisas no Brasil também demonstram. Repetir de ano não aumenta as chances de um aluno aprender, pune desproporcionalmente os mais pobres e, pior, eleva consideravelmente a probabilidade de ele abandonar a escola.

Luciana Soares Luz (2008), ao analisar o impacto da repetência na proficiência escolar, conclui que, "ao final do ano repetido, o desempenho dos alunos repetentes é semelhante ao de seus novos colegas de turma, e muito inferior ao apresentado pelos antigos pares que progrediram" (Luz, 2008:1). Erisson Viana Correa, Alicia Bonamino e Tufi Machado Soares (2014), ao compararem grupos de alunos com mesmas características socioeconômicas e com notas muito próximas nas avaliações externas de aprendizagem, mostram que, ao longo do tempo, repetentes aprendem menos do que os colegas promovidos. Maria Eugênia Ferrão, Patrícia Mota Costa e Daniel Seabra Matos (2017), ao analisarem dados do Brasil no Pisa de 2012, identificaram que a repetência prejudica mais alunos de menor nível socioeconômico e que há um risco cumulativo de novas reprovações quando um aluno repete uma série dos anos iniciais do fundamental.

Além da ineficácia em relação à aprendizagem, a repetência também custa caro ao país. Sem falar nas perdas econômicas futuras geradas pelo aumento do abandono, o fato de estudantes demorarem mais tempo para concluir uma série significa que o poder público está gastando mais do que poderia caso o aluno não ficasse retido. Guilherme Hirata, pesquisador da consultoria Idados, estimou em 2017 que o custo da reprovação e abandono era de R$ 17 bilhões ao país, o que equivalia, naquele ano, a algo próximo de 10% do principal fundo de financiamento da educação, o Fundeb.[64]

Se os efeitos da repetência são perceptíveis nos indicadores macro, a investigação de suas causas necessita também de um mergulho profundo no que acontece dentro de sala de aula. Foi isso que fez a antropóloga Maria de Lourdes Sá Earp (2021) no livro *A cultura da repetência*, em que ela descreve os resultados de dois anos de pesquisa acompanhando professores da rede municipal carioca. Sá Earp identificou que as salas de aula eram organizadas numa estrutura que classificou como "centro e periferia". No centro ficam os alunos a quem o professor dedica maior atenção. Na periferia, os outros, que muitas vezes ficam até sem resposta às suas

---

[64] Disponível em: https://blog.idados.id/taxas-de-reprovacao-e-abandono/. Acesso em: 1º abr. 2022.

perguntas. "A aula não é dada para todos porque a escola parece não ter essa função nas representações da maioria dos professores" (Earp, 2021:311), diz a autora.

Esse tipo de pensamento encontrado pela pesquisa nas salas de aula do século XXI se assemelha ao criticado desde a década de 1950 por Anísio Teixeira e outros educadores, que denunciavam um modelo educacional concebido com a lógica de selecionar os mais aptos, em vez de se comprometer com a aprendizagem de todos. Diz a pesquisadora, ao descrever os resultados de sua observação nas salas de aula cariocas:

> De forma geral, todos os professores acreditam que a reprovação serve para selecionar ou "filtrar" os "bons" dos "maus" alunos; que os alunos são reprovados porque "não sabem nada", "não se interessam", "não querem nada" e "não têm jeito". Se alguns professores não acham estranho reprovar 50% de uma turma, outros acreditam que a reprovação deveria ser maior ou que é normal reprovar uma turma inteira. [Earp, 2021:311]

A pesquisa de Sá Earp, reforçando o achado de outros estudos brasileiros, mostra também que o julgamento entre quem passa de ano e quem é reprovado não é apenas acadêmico, mas também moral, o que fica evidente nas discussões em conselhos de classe.

> Os modos de julgamento valorizam critérios de cunho moralizante, como modos de comportamento, modos de vestir, modos de falar e modos de se apresentar do aluno. Ainda que os julgamentos nos conselhos de classe pareçam sem critérios, o que se percebeu é que para um aluno ser aprovado há uma associação de virtudes. Como o juízo é moral, não é o desempenho escolar que determina o veredicto. [Earp, 2021:312]

"Aprovação automática"

Como alternativa à repetência, várias redes tentaram no Brasil trabalhar com o sistema de ciclos, que ficou popularmente conhecido como "aprovação automática". Nele, algumas séries são agrupadas num ciclo (geralmente de dois ou três anos) evitando a reprovação neste período determinado. Apesar de ter gerado debates acalorados entre críticos e defensores da medida em pleno século XXI, a proposta, em sua essência, não era nova.

Sampaio Dória (1883-1964) e Oscar Thompson (1872-1935), que atuaram como diretores-gerais de instrução em São Paulo na época das relevantes reformas educacionais do início do século passado, já defendiam na década de 1920 uma ideia de "promoção em massa" para reduzir a repetência (Werebe, 1963:105). Na década de 1950, Anísio Teixeira foi mais um, entre outros contemporâneos, a argumentar que "a organização da escola primária para todos impõe, pedagogicamente, a promoção automática" (Marcílio, 2005:264).

Nos anos 1960, experiências em São Paulo, Rio, Minas e Santa Catarina também adotaram, em alguma medida, essa forma de organização do sistema (Jacomi, 2004). Mesmo a Lei nº 5.692/1971, aprovada em plena ditadura militar, permitia que os estados organizassem seus sistemas de forma não seriada, o que inclusive gerou na época reação de educadores que acusavam os "pedagogos da ditadura" de lançarem mão "do expediente paternalista, antidemocrático e antipedagógico da promoção automática" (Cunha e De Góes, 1986:57).

Ao final da década de 1980, na gestão petista de Luiza Erundina e tendo como secretário municipal de educação Paulo Freire, São Paulo instituiu um sistema de ciclos. Também o estado de São Paulo, quando governado pelo tucano Mario Covas (1930-2001), adotou a progressão continuada, que voltou a ser prevista, como opcional, pela Lei de Diretrizes e Bases da Educação de 1996.

Um sistema que era aplicado em países desenvolvidos, que combatia um dos mais graves problemas educacionais do Brasil, que gerava economia significativa aos cofres públicos, defendido por educadores como Paulo Freire e Anísio Teixeira, e adotado pelas mais diversas correntes políticas, teria, ao menos em tese, grande chance de ser bem aceito pela opinião pública. Mas o que se viu nas primeiras décadas do século XXI foi algo bem diferente. Mesmo restrita em 2002 a apenas 11% das escolas, a "aprovação automática" logo se tornou a grande vilã do debate público, como se antes dela houvesse uma qualidade que se perdeu após sua adoção.

Em 2008, ao discursar na cerimônia de comemoração dos 60 anos da Sociedade Brasileira para o Progresso da Ciência (SBPC), o então presidente Luiz Inácio Lula da Silva se referiu à ideia de que uma criança fosse aprovada sem necessidade de passar numa prova como uma "barbaridade". Ele já havia feito críticas semelhantes em 2003. Também em 2008, este foi um dos principais temas das eleições municipais. No Rio, os dois candidatos que foram ao segundo turno, Eduardo Paes (então no PMDB) e Fernando Gabeira (filiado à época ao PV), escolheram como mote principal das propostas na educação o fim do sistema implementado na gestão de Cesar Maia (então prefeito pelo PFL). Dez anos depois, a promessa do fim da "aprovação automática" apareceu no programa de governo do presidente eleito, Jair Bolsonaro (na época, filiado ao PSL), que em 2022 inclusive colocou um projeto de lei com essa proposta entre suas prioridades para o ano Legislativo.

Todos esses políticos, de diversos matizes, miraram nos ciclos também porque havia forte reação da sociedade e de uma parcela expressiva dos professores ao sistema. A imprensa teve um papel relevante ao ampliar essas críticas, com reportagens denunciando

REPETÊNCIA

que crianças estavam passando de ano sem aprender. Ainda que válidas, muitas dessas contestações ignoravam o fato de que crianças chegarem aos 10 anos de idade com alfabetização precária era algo que já acontecia no modelo antigo, com a diferença de que os alunos ficavam reprovados para depois, com frequência, acabarem abandonando a escola.

Toda a indignação com a adoção da "aprovação automática" não aparecia no debate público na mesma medida quando se divulgavam as taxas de repetência no país. Em 2008, o relatório de acompanhamento do compromisso Educação Para Todos, da Unesco, mostrava, para um conjunto de 150 países com dados sobre o percentual de repetentes no ensino fundamental no ano de 2005, que as taxas brasileiras (21%) superavam a média dos países da África Subsaariana (15%). No relatório, apenas 10 nações apareciam com indicadores piores: Togo (23%), Chade (23%), Congo (24%), São Tomé e Príncipe (24%), Camarões (26%), Guiné Equatorial (26%), Comores (27%), Burundi (30%), República Centro-Africana (31%) e Gabão (34%).[65]

No caso dos ciclos, no contexto brasileiro, nem todas as críticas eram injustas, pois a maneira como a política foi anunciada e implementada em diversas redes gerou críticas até de educadores favoráveis à medida. Seria fundamental apoiar e dar condições aos professores para que pudessem avaliar e corrigir os problemas de aprendizagem ao longo do processo, de modo a evitar que os problemas simplesmente fossem postergados. Para um sistema educacional historicamente viciado na repetência, uma mudança tão significativa em práticas e culturas dificilmente ocorreria imediatamente e a contento por decreto.

Apesar de toda a atenção que despertou da opinião pública, o sistema de ciclos nunca foi majoritário na educação brasileira, em

---

65 Tabela 6 em Unesco (2008).

geral foi implementado apenas nos primeiros anos do fundamental, e tampouco acabava com a repetência (que continuava existindo, só que não de forma seriada, ano a ano). Os poucos estudos brasileiros que investigaram os efeitos dessa proposta nos indicadores de aprendizagem mostram que não houve impacto significativo (positivo ou negativo) nas notas, mas as taxas de evasão diminuíram.

Ocimar Alavarse (2009), ao comparar em 2007 o desempenho de alunos na Prova Brasil (exame oficial do MEC) em redes que adotavam ciclos com as demais, identificou que a adoção da medida não levou a desempenhos inferiores. Naercio Menezes-Filho, Ligia Vasconcellos e Roberta Biondi (2008) identificaram no caso brasileiro uma pequena queda no desempenho no 9º ano do ensino fundamental, mas que era compensada, na opinião dos autores, pelos benefícios de diminuição da evasão. Em 2014, Reynaldo Fernandes, Luiz Scorzafave, Maria Isabel Theodoro e Amaury Gremaud (2014:95) concluíram que "o fluxo educacional melhorou no ensino fundamental sem que se verificasse uma queda no desempenho dos estudantes pertencentes às gerações beneficiadas por essas políticas".

Restringir o debate sobre como diminuir a repetência apenas às opções de um regime seriado anual ou de um sistema de ciclos, no entanto, impede que se chegue à raiz do problema: a baixa aprendizagem. Imaginem um paciente com uma doença grave, que está sendo tratado com um remédio ineficaz que traz fortes efeitos colaterais. Se essa medicação for retirada, é esperado que sua situação melhore um pouco, afinal, os efeitos colaterais desaparecerão. Mas a doença continuará existindo. A evidência disponível hoje na literatura acadêmica brasileira indica que os ciclos diminuem os efeitos colaterais da repetência (notadamente, a evasão), mas não resolvem o problema da baixa aprendizagem.

A boa notícia nesse debate é que algumas experiências de reformas educacionais em estados brasileiros têm conseguido conciliar,

REPETÊNCIA

de forma sustentável ao longo do tempo, a diminuição da reprovação e a melhoria dos indicadores de aprendizagem. E os exemplos mais notáveis são de dois estados nordestinos: Ceará e Pernambuco.

O caso cearense é mais emblemático nos anos iniciais do ensino fundamental. Entre 2005 e 2019, a proporção de alunos aprovados nesta etapa aumentou de 79% para 98%, o que significa dizer que praticamente todos os alunos passaram de ano nas cinco primeiras séries do fundamental. Se a relação entre maior aprovação e perda de qualidade fosse automática, as redes municipais do Ceará teriam verificado uma queda significativa no desempenho de seus alunos nas provas de matemática e português do Sistema de Avaliação da Educação Básica (Saeb). Mas ocorreu justamente o oposto: não só houve melhoria, como foi, no período, o maior avanço registrado entre todos os estados.[66]

Já o exemplo Pernambucano é mais notável no ensino médio. De 2007 a 2019, o percentual de alunos aprovados na rede estadual nesta etapa passou de 68% para 94%, levando o estado a apresentar a melhor taxa entre todas as unidades da Federação. No mesmo período em que esse movimento aconteceu, a nota média dos estudantes aumentou 25 pontos em matemática e 39 em língua portuguesa, ao passo que, na média brasileira, esse avanço foi de apenas 6 e 18 pontos, respectivamente.

Em ambos os estados, uma série de mudanças ocorreu ao mesmo tempo, e é um erro pinçar apenas uma ou outra como causa única. Mas é possível identificar alguns pontos de mais destaque em cada experiência.[67]

---

[66] O avanço no período foi de 81 pontos em matemática e de 70 em língua portuguesa (a escala vai de zero a 500). Na média das redes públicas do Brasil, esses valores foram, respectivamente, de 49 e 46 pontos.

[67] Para uma visão mais ampla do conjunto de reformas implementada em cada estado, sugiro o livro de Nogueira Filho (2022).

No Ceará, por exemplo, houve um foco claro na alfabetização. O governo estadual assumiu mais protagonismo nas políticas de cooperação com as prefeituras, principais responsáveis pelos anos iniciais do ensino fundamental e pela educação infantil. Um dos elementos dessa política foi o Programa Alfabetização na Idade Certa (Paic), que fornecia apoio técnico e financeiro para formação de professores, material didático, currículo e avaliação. O estado também criou incentivos financeiros para os municípios que conseguissem avançar mais na alfabetização, premiando-os com uma distribuição maior do Imposto sobre Circulação de Mercadorias e Serviços (ICMS) estadual.

Em Pernambuco, a face mais visível (o que não significa dizer que seja a única) das mudanças foi a ampliação do número de escolas em tempo integral no ensino médio. O Censo Escolar de 2021 indicava que 59% dos alunos da rede estadual de ensino médio estudavam em escolas com jornada de sete horas diárias. A média do Brasil para a rede pública era de apenas 16% no mesmo ano. O simples aumento do tempo em que os alunos passam na escola não necessariamente se traduz em mais qualidade. Além disso, a expansão desse formato pode gerar mais desigualdade, caso essas escolas atendam principalmente um perfil de aluno de maior nível socioeconômico. No caso pernambucano, os indicadores sugerem que esses problemas foram evitados, já que as escolas de tempo integral apresentam resultados superiores à média[68] e que se trata do estado com menor distância na aprendizagem entre alunos mais pobres e mais ricos nas provas de matemática e língua portuguesa no ensino médio.[69]

---

[68] De acordo com os dados do Saeb e com o estudo "The effects of public high school subsidies on student test scores: The case of a full-day high school in Pernambuco, Brazil", de autoria de Leonardo Rosa, Eric Bettinger, Martin Carnoy e Pedro Dantas (2022).
[69] De acordo com o Relatório Saeb 2017, elaborado pelo Inep, p. 119 e 120.

Como sempre, reconhecer avanços não significa dizer que esses estados já estejam num patamar de qualidade educacional considerado satisfatório. Longe disso. Mas eles mostram que mesmo redes que não estão entre as mais ricas do país podem alcançar melhorias significativas. Há espaço para combater a pedagogia da repetência e, ao mesmo tempo, melhorar a aprendizagem. A adoção do regime de ciclos pode até eventualmente contribuir com esse processo, mas o que faz a diferença é um conjunto de políticas públicas coerentes e sustentáveis no médio e longo prazo. Não há atalhos, mas já é possível vislumbrar caminhos.

Capítulo 11
Desigualdades

Na década de 1960, um grupo de crianças de baixa renda no estado americano de Michigan foi beneficiado por um programa que ofereceu pré-escolas de qualidade e um serviço de orientação aos pais sobre como ajudar no desenvolvimento de seus filhos. Chamado Perry Preschool, o projeto é um dos mais citados no campo da avaliação da primeira infância graças ao acompanhamento, até hoje, da trajetória de seus participantes na comparação com um grupo de mesmas características socioeconômicas na época, mas que não foram beneficiados. A principal conclusão foi que as crianças participantes tiveram anos depois maiores taxas de conclusão do ensino médio, ingresso no ensino superior, melhores salários e menor desemprego na vida adulta, além de menor probabilidade de envolvimento em crimes ou de gravidez não planejada na adolescência.

Em 2019, o economista James Heckman, prêmio Nobel de Economia em 2000 e um dos principais pesquisadores desse projeto, voltou a investigar os resultados do programa na vida de seus beneficiados. Além de identificar impactos positivos que permaneciam aos 55 anos de idade, Heckman e coautores descobriram que as gerações seguintes (de filhos de pais que em sua infância participaram do Perry Preschool) também se beneficiavam desse investimento, na comparação com os filhos daqueles que haviam ficado de fora. Em outras palavras, os efeitos positivos transbordavam de uma geração para a outra (Heckman e Karapakula, 2019).

O PONTO A QUE CHEGAMOS

Estudos como esse trazem uma visão inspiradora dos benefícios da educação ao longo do tempo, mas evidenciam também o outro lado da moeda: a falta de investimento no passado gera um custo que é transmitido para as gerações seguintes, pois, como já citado no capítulo sobre financiamento e qualidade do ensino, a escolaridade e renda dos pais são os principais fatores a explicar o desempenho das crianças em sala de aula.

Em 2021, pesquisadores suecos avançaram mais no entendimento da transferência intergeracional do capital humano, ao utilizarem informações de quatro gerações (filhos, pais, avós e bisavós) e de outros parentes próximos (como irmãos, primos e cunhados) (Adermon, Lindahl e Palme, 2021). A principal conclusão do estudo foi que pesquisas que analisam apenas a transferência entre pais e filhos subestimam em ao menos 1/3 o impacto desses outros parentes na explicação de resultados econômicos e sociais dos indivíduos.

A transferência de capital humano entre gerações acontece de várias formas. Um estudo da Universidade de Stanford, publicado em 2013, identificou que já aos 18 meses de idade é possível ver uma diferença no vocabulário de crianças filhas de pais de maior e menor renda e escolaridade (Fernald, Marchman e Weisleder, 2013). Outras pesquisas já haviam percebido essas diferenças em ciências, matemática e linguagem aos quatro anos de idade. A explicação aqui está menos no que os pais fazem ou deixam de fazer no cotidiano, e mais na constatação de que a criança se beneficia desde cedo por estar menos exposta aos efeitos da pobreza (em sua nutrição, acesso a saúde, num ambiente com menos estresse causado pela precariedade ou carência) e também pelo simples fato de estar num domicílio onde seus cuidadores possuem um vocabulário mais amplo.

Para além da educação, há outros fatores que contribuem para essa transmissão da desigualdade. A tendência de casamentos entre pessoas de mesmas características socioeconômicas, por exemplo, é um deles (Luciene Pereira, 2017). Também as redes sociais (não as plataformas digitais, mas as relações familiares e de amizade) têm peso importante (Marques, 2009). Imagine dois jovens que acabam de concluir o mesmo curso na mesma universidade, sendo um deles de família rica e o outro de pais pobres. O primeiro terá muito mais facilidade de conseguir, por exemplo, ajuda financeira de um familiar para abrir um consultório odontológico, obter uma indicação pessoal para estágio num escritório de advocacia, ou simplesmente divulgar em sua rede de relacionamentos — de maior poder aquisitivo — que começou a dar aulas como *personal trainer*.

Mesmo sabendo que todos esses comportamentos geram uma desigualdade herdada de berço, em qualquer democracia plena está totalmente fora da questão cogitar interferir em padrões de casamento, evitar que parentes ou amigos ajudem seus próximos, ou impedir que pais procurem dar sempre o melhor aos seus filhos. A saída para enfrentar este problema é investir em políticas públicas focadas na equidade, que busquem pela atuação do poder público compensar ou amenizar essa desvantagem que nada tem a ver com o esforço, capacidade ou mérito pessoal de cada indivíduo. E é neste ponto em que continuamos gravemente falhando na educação brasileira.

Antes de dar exemplos, convém primeiro evitar uma confusão comum em debates públicos: o combate às desigualdades de berço não significa uma tentativa de eliminar diferenças. Mesmo na sala de aula mais homogênea do Brasil, ainda assim haverá alunos que terão pior ou melhor desempenho por sua inteligência, esforço, talento, interesse maior por determinada disciplina ou por estarem passando por um momento mais turbulento ou tranquilo de suas vidas. O problema é quando a diferença observada nos resultados é fruto de um acesso desigual às oportunidades educacionais, agravado por

O PONTO A QUE CHEGAMOS

discriminações de raça, gênero ou qualquer outra que prejudique mais intensamente um grupo social específico. É este o campo de atuação das políticas públicas equitativas.

Desigualdade, igualdade e equidade

À luz de todas essas evidências e trabalhando com o conceito de equidade, não bastaria somente dar a todas as crianças as mesmas oportunidades educacionais desde o nascimento. Se conseguíssemos isso no Brasil — o que seria já algum avanço —, ainda assim os efeitos intergeracionais influenciariam nos resultados, gerando uma injusta desigualdade. Mas até disso estamos ainda longe, pois o que fazemos é justamente o oposto da equidade, ao dar aos mais ricos melhores condições para que se desenvolvam ainda mais.

Como enfatizado ao longo deste livro, precisamos primeiro reconhecer que essa situação já foi pior. Em 1940, o Censo do IBGE indicava que 69% das crianças de sete a 14 anos estavam fora da escola. Em 2020, dados do mesmo instituto mostram que esta proporção[70] caiu para 0,6%. O acesso praticamente universalizado à escola nessa faixa etária faz com que a diferença neste quesito entre os 25% mais pobres e os 25% mais ricos seja ínfima: no primeiro grupo, 99,2% estão na escola, enquanto no segundo são 99,8% (Anuário brasileiro da educação básica, 2021). Para um país historicamente acostumado a excluir os mais pobres de seu sistema educacional, não é pouca coisa. Mas é insuficiente.

O problema começa desde cedo, no acesso às etapas anteriores ao ensino fundamental. Na população de zero a três anos — faixa

---

[70] Pesquisa Nacional por Amostra de Domicílios, considerando a faixa etária de seis a 14 anos.

etária tão essencial para reverter desigualdades, como vimos nos estudos citados na introdução deste capítulo —, a taxa de matrícula em creches é de 54% entre as crianças que viviam nos 25% de domicílios mais ricos, enquanto entre as 25% mais pobres essa proporção cai a 28% (Anuário brasileiro da educação básica, 2021).

Coerente com as pesquisas internacionais citadas anteriormente, Tiago Bartholo, Mariane Koslinski, Marcio da Costa e Thais Barcellos identificaram que crianças que ingressavam aos quatro anos de idade em pré-escolas da rede municipal do Rio de Janeiro já chegavam nesta etapa com significativas desigualdades, com as mais pobres apresentando piores indicadores numa avaliação que mede vocabulário, identificação de letras e números, e outros conhecimentos básicos (Bartholo et al. 2020).

Cientes dessa desigualdade herdada de berço, políticas equitativas procurariam dar melhores condições para que essas crianças que mais precisam se desenvolvam. Não é o que acontece. Um estudo divulgado em 2017 pela Fundação Lemann comparou características de escolas públicas que atendiam alunos de menor e maior nível socioeconômico, a partir de um diagnóstico feito pelos próprios diretores de escola. Os estabelecimentos que atendiam os alunos mais pobres tinham gestores com menos experiência profissional e salários mais baixos. Havia também mais rotatividade do corpo docente, maior carência reportada de pessoal de apoio pedagógico, professores conversavam menos com os estudantes para resolver problemas de faltas, famílias eram chamadas com menos frequência para reuniões de pais e — justamente onde era mais necessário, considerando o público atendido — havia menos atividades de reforço escolar.

Os mecanismos pelos quais a desigualdade vai sendo construída no acesso diferenciado às escolas dentro do setor público são os mais diversos. Mariane Koslinski e Julia de Carvalho (2015), ao estudarem a transição entre escolas do primeiro para o segundo ciclo de ensino fundamental na rede municipal do Rio de Janeiro, identificaram uma probabilidade maior de alunos de famílias mais pobres continuarem estudando em estabelecimentos de menor desempenho. Segundo as autoras, uma das razões que explicavam esse fenômeno era o fato de diretores trocarem informações entre si, direcionando estudantes de maior nível socioeconômico para colégios que já atendem mais essa clientela.

Há também um movimento, absolutamente legítimo, de as famílias buscarem as melhores escolas para seus filhos. Nessa disputa, pais e mães com maior escolaridade acabam tendo também uma vantagem adicional, por geralmente terem maior conhecimento de quais são os estabelecimentos mais valorizados. Esta é uma possível explicação de por que, por exemplo, há um viés de seleção de alunos (em favor daqueles de maior renda na comparação com escolas estaduais) mesmo em colégios federais que trabalham com sorteio público de vagas.

Relatório da Fundação Tide Setúbal e da ONG Transparência Brasil divulgado em 2021 identificou que professores da rede municipal de São Paulo que davam aulas em escolas em áreas mais pobres e com maior proporção de alunos pretos, pardos ou indígenas recebiam salários menores que os colegas da mesma rede. Uma das explicações para isso era a forma como era feita a atribuição de profissionais. Quando uma vaga surge, abre-se um concurso dentro da rede em que profissionais com mais experiência (fator que mais explica o diferencial salarial) têm preferência sobre os demais. Como esses docentes tendem a evitar escolas em áreas periféricas e com contextos sociais mais vulneráveis, o sistema vai assim alimentando por dentro a desigualdade.

Vale aqui enfatizar que todos esses estudos tratam apenas do acesso desigual entre escolas no setor público, sem mensurar, portanto, a desigualdade gerada pelo maior acesso de famílias de renda mais alta a estabelecimentos privados, onde o investimento por aluno é maior.

Só que as desigualdades no setor público não aparecem apenas no acesso diferenciado entre escolas. A literatura acadêmica mostra que uma parte significativa é construída também dentro delas. Márcio Costa e Tiago Bartholo (2014), analisando a rede municipal carioca, constataram que havia uma diferença no perfil dos alunos nos diferentes turnos de uma mesma escola, com os de menor nível socioeconômico sendo mais direcionados para o turno da tarde.

Uma análise feita por Mariana Leite, da consultoria Idados, na base de dados da Prova Brasil (avaliação oficial do MEC), identificou 426 estabelecimentos onde, sob o mesmo teto, conviviam turmas que estavam entre as 25% melhores e as 25% piores do país pelo desempenho de seus alunos em matemática. O estudo identificou que nas turmas de pior desempenho eram maiores as proporções de professores temporários, com menos experiência, que relatavam maior dificuldade de dar todo o conteúdo previsto para o ano, manter a disciplina e corrigir deveres de casa (Gois, 2018). Uma possível explicação para isso é a prática, ainda muito comum, segundo dados do questionário da Prova Brasil, de deixar a critério dos professores mais experientes a escolha das turmas para as quais preferem dar aula.

Por fim, a desigualdade acaba sendo construída também dentro de sala de aula. Ricardo Madeira, Marcos Rangel e Fernando Botelho (2015) compararam as notas dadas pelos professores aos seus alunos em classe com o desempenho desses mesmos estudantes numa avaliação externa feita pelo governo estadual, com questões de múltipla escolha corrigidas pelo computador. Eles identificaram que alunos negros recebiam sistematicamente dos professores notas menores do que os brancos de igual desempenho no teste externo.

Maria de Lourdes Sá Earp (2021) — em pesquisa já citada neste livro no capítulo sobre repetência — identificou a prática comum de professores darem mais atenção apenas a um grupo de alunos (o centro da sala de aula) e deixarem de lado os demais estudantes da turma (o que a pesquisadora chamou de periferia).

Como era de se esperar, essa situação de alunos que já partem de trajetórias distintas e que são inseridos num sistema em que a desigualdade é também alimentada por dentro acaba sendo refletida nos resultados. José Francisco Soares, Maria Teresa Alves e José Aguinaldo Fonseca (2021) mostram que, no período entre 2007 e 2015, apenas 53% dos estudantes brasileiros terminaram o ensino fundamental sem ter nenhuma repetência ou evasão em sua trajetória. Para meninas brancas de famílias com alto nível socioeconômico, essa proporção era de 78%. Entre meninos negros de baixo nível socioeconômico, o percentual cai para 20%.

Essa desigualdade na trajetória escolar já foi maior, mas, ainda assim, segue inaceitável. Entre jovens negros, a proporção daqueles que conseguem completar o ensino médio até os 19 anos de idade é de 61%. Entre brancos, sobe para 79,1%. E ela se reflete também na aprendizagem: entre aqueles que conseguiram concluir o ensino médio, os percentuais de alunos com desempenho considerado adequado em língua portuguesa eram de 51% entre brancos, 32% entre pardos e 28% entre pretos. Em matemática, os resultados são muito piores para todos os grupos, mas a desigualdade se mantém (18%, 7% e 5%, respectivamente).[71]

Toda essa cadeia de produção de desigualdades educacionais atuando num país cujo ponto de partida histórico já é extremamente desigual acaba se refletindo também no mercado de trabalho. Um

---

[71] ANUÁRIO brasileiro da educação básica 2021, utilizando a escala de interpretação do movimento Todos Pela Educação, a partir de dados do Inep. Os termos brancos, pardos e pretos são autodeclarados pelos estudantes.

levantamento divulgado em 2021 pelo Instituto Mobilidade e Desenvolvimento Social mostrou que a chance de um filho repetir a baixa escolaridade do pai é o dobro no Brasil na comparação com os Estados Unidos (Fraga e Brigatti, 2021). O mesmo instituto mostra que as chances de mobilidade social ascendente entre negros e brancos que saem do mesmo ponto de partida (considerando a escolaridade dos pais) é sempre menor para os negros (Tomazelli, 2020).

Por que equidade?

A análise de estudos sobre o passado e o presente feita ao longo deste livro mostra que a desigualdade é a característica mais marcante para entender o atraso educacional brasileiro. Ela explica por que, apesar de discursos às vezes aparentemente generosos, nossas elites nunca se esforçaram para verdadeiramente colocar de pé um sistema que garantisse ensino de qualidade para todos os grupos populacionais. A concentração de recursos e poder político nas mãos de poucos gerava ainda mais entraves para que a população que mais poderia se beneficiar da expansão das escolas tivesse condições de pressionar as autoridades públicas para ver suas demandas atendidas.

Numa sociedade em que a competição global afetava menos a estratégia de geração de riqueza nas mãos de poucos internamente, o descaso com a educação da maioria da população pode não ter prejudicado tanto — ou até mesmo ter beneficiado — uma pequena elite. Hoje, porém, está claro que os prejuízos, ainda que maneira desigual, afetam a todos.

Por muito tempo, uma parcela da elite e da classe média alta brasileira acreditou que estava a salvo das consequências do baixo investimento na educação pública recorrendo às escolas privadas.

O PONTO A QUE CHEGAMOS

No entanto, os problemas na formação e a baixa atratividade da carreira docente — abordados no capítulo 9 — também afetam o setor privado, onde, como visto, os salários médios são hoje inferiores aos verificados nas redes estaduais e municipais. Também o percentual de professores do ensino médio sem a formação adequada para a disciplina que lecionam é praticamente o mesmo das particulares (31%) e das públicas (34%).[72] A cultura da repetência, ainda que de forma menos intensa do que no setor público, também está presente em colégios de elite (Mandelert, 2012).

Além disso, o baixo investimento histórico nas escolas públicas cria um desincentivo para que uma parcela do segmento privado ofereça um serviço melhor, na medida em que muitas famílias não enxergam a educação gratuita oferecida pelo Estado sequer como opção a ser considerada. Como essas escolas trabalham com uma clientela de maior nível socioeconômico por excluir aqueles sem condições de pagar mensalidades, isto dá a elas uma vantagem na comparação de seus resultados com os das públicas que pouco ou nada tem a ver com a qualidade do ensino oferecido em sala de aula.

Sequer podemos dizer, hoje, que os resultados da média geral do setor privado sejam plenamente satisfatórios. Entre jovens de mais alto nível socioeconômico (majoritariamente matriculados na rede particular), apenas 19% completam o ensino médio com aprendizagem adequada em matemática (Anuário brasileiro de educação básica 2021, 2021). É uma proporção maior do que a verificada na média nacional (10%), mas certamente insuficiente para uma sociedade onde a competição pelas melhores oportunidades de trabalho é cada vez mais globalizada.

Fala-se muito, por exemplo, da péssima posição geral do Brasil nos *rankings* internacionais do Pisa. No entanto, a elite brasilei-

---

[72] Censo da Educação Básica 2021/Inep.

ra, quando comparada apenas com seus pares em outros países, também permanece entre as últimas colocações nos testes de matemática, linguagem e ciências (Vieira, Vanini e Gois, 2013). Na comparação entre os países de melhor desempenho, os estudantes mais ricos brasileiros chegam a ter médias piores do que os mais pobres em nações como Canadá, Finlândia, Coreia do Sul, Singapura, Reino Unido ou Estônia (Amâncio e Pinho, 2019).

É importante considerar que, com 17% das matrículas totais da educação básica, o setor privado não é homogêneo. Há, como sempre houve na história brasileira, ilhas de excelência encontradas tanto na rede pública quanto na particular, e algumas escolas de alta mensalidade podem até ter resultado satisfatório para padrões globais, mas não representam a média do setor (Cafardo e Palhares, 2019).

Andrea Curi e Naércio Menezes Filho, ao compararem mensalidades e o desempenho de alunos de colégios privados de São Paulo no Enem, mostram que havia uma diferença significativa nos resultados, e os estabelecimentos que cobravam valores menores apresentavam desempenho bastante próximo ao verificado na rede estadual (Curi et al., 2013). Este é um importante fato para ser sempre considerado em debates sobre o possível uso de recursos públicos para financiar o atendimento gratuito de estudantes na rede privada. Com os valores por aluno verificados na rede pública (ao redor de R$ 600 mensais em 2018),[73] não serão as escolas de altíssima mensalidade as que provavelmente receberiam crianças e jovens oriundos da rede estatal.

Por fim, ainda que a função da escola não seja apenas a formação de mão de obra para o mercado de trabalho, não há dúvida de que a abrangência e a qualidade da educação estão entre os elemen-

---

[73] Cálculos feitos pelo Inep, com valores anuais (R$ 7.230) referentes ao ano de 2018.

tos centrais a influenciar o crescimento econômico (Hanushek e Woessmann, 2010). Como vimos ao longo deste livro, nações desenvolvidas colhem hoje os benefícios de terem universalizado antes o acesso. Além disso, os melhores sistemas educacionais do presente são aqueles que investem de forma mais equitativa seus recursos, de modo a compensar ou amenizar a desvantagem de alunos de níveis socioeconômicos mais baixos (OECD, 2014).

No caso brasileiro, redirecionar o sistema educacional no caminho da equidade é tarefa que exige esforços múltiplos, contínuos e coordenados em diversas instâncias. Não será um programa ou política isolada que conseguirá combater mecanismos de segregação tão arraigados na cultura escolar, e nem sempre percebidos por seus atores. Mas, para um país que pretenda ser competitivo globalmente e que esteja comprometido com a melhoria das condições de vida de toda a sua população, não há outra saída que não trabalhar para que todas as crianças, independentemente da sorte ou azar de terem nascido em lares com melhores ou piores condições para seu desenvolvimento, tenham direito a uma educação pública de qualidade. É esta a principal tarefa inconclusa dos séculos XIX e XX que precisamos tornar realidade no século XXI.

Considerações finais

O mundo ainda vivenciava, no ano em que o Brasil completou 200 anos de sua independência, os efeitos do "distúrbio mais grave já registrado nos sistemas educacionais em toda a história",[74] nas palavras do secretário-geral da ONU, António Guterres. A suspensão das atividades presenciais em escolas devido à pandemia de Covid-19 gerou novos desafios, mas, principalmente, evidenciou problemas históricos já conhecidos.

No momento em que este livro era finalizado, havia ainda muito a investigar sobre os efeitos da pandemia na educação. Porém, uma das consequências já identificadas foi o agravamento das desigualdades. Estudos preliminares confirmaram estimativas de que as perdas de aprendizagem seriam severas, especialmente para os mais pobres. Também já apareciam sinais preocupantes de aumento de evasão, uma tragédia para um país que, a duras penas, vinha conseguindo ampliar o acesso à escola para todas as faixas etárias.

Ao pensarmos as políticas públicas do presente e do futuro, não podemos esquecer lições que foram aprendidas ou reforçadas durante o período da pandemia. Por exemplo, enquanto escolas particulares de elite rapidamente se organizaram para migrar as aulas num formato on-line, na rede pública foi preciso recorrer também ao envio de material impresso ou à transmissão de aulas

---

[74] Disponível em: www.buenosaires.iiep.unesco.org/pt/portal/secretario-geral-da-onu-preve-catastrofe-na-educacao. Acesso em: 1º abr. 2022.

pelo rádio e TV, devido às precárias condições de acesso à internet em domicílios mais pobres.

Acabar com esse *gap* digital é um dos problemas a serem enfrentados, mas os desafios são bem mais amplos. A pandemia deixou ainda mais nítido que as condições de vida dos estudantes não podem ser ignoradas no momento de formulação de políticas públicas educacionais, pois têm impacto significativo nos resultados verificados na escola. Portanto, programas que olhem apenas para a sala de aula, por mais importante que seja esse aspecto, atacam apenas uma parte do problema.

Desde a primeira infância, as ações mais efetivas são aquelas que combinam ao mesmo tempo um melhor atendimento em estabelecimentos educacionais com suporte às crianças e famílias mais vulneráveis, garantindo acesso a políticas de saúde e assistência social já a partir do momento da gravidez.

Esse olhar mais amplo para as condições que limitam ou facilitam a aprendizagem precisa também estar no horizonte da gestão escolar. Durante a pandemia, foi muito enfatizada a necessidade de atenção ao emocional dos estudantes e profissionais do ensino. Essa é uma variável que pode ser trabalhada com a melhoria do clima escolar, considerada em pesquisas recentes sobre o que fazem diretores eficazes tão importante quanto o trabalho pedagógico.

Num estudo em que acompanharam por sete anos o desempenho de 600 escolas públicas de Chicago, com o objetivo de identificar as ações dos diretores que mais ajudam a explicar o desempenho dos alunos, Elaine Allensworth e James Sebastian concluem:

> O comportamento dos alunos e o envolvimento na escola estão entrelaçados com sua segurança emocional. Evidências sobre a ciência da aprendizagem sugerem que relacionamentos, emoções e

CONSIDERAÇÕES FINAIS

interações sociais são centrais para o processo educacional. Líderes ansiosos para melhorar ganhos de aprendizagem em suas escolas devem considerar fortemente o quanto estão trabalhando para melhorar a sensação de segurança e bem-estar dos alunos. [Sebastian e Allensworth, 2019:31]

Durante a pandemia, muito se discutiu também sobre a necessidade de incentivar um melhor uso de tecnologias digitais na educação. Neste tópico cabe tanto uma dose de otimismo quanto de cautela. A experiência de milhões de alunos durante a suspensão de aulas presenciais comprovou algo que especialistas já alertavam: simplesmente transpor para o ambiente virtual a mesma dinâmica de salas de aulas tradicionais é péssima estratégia.

Em 2017, ao revisarem mais de 90 estudos sobre o uso de tecnologias na educação, Maya Escueta, Vincent Quan, Andre Nickow e Philip Oreopoulos (2017) já mostravam que o simples uso de aparatos digitais não afetava de forma significativa o desempenho escolar, podendo, em alguns casos, gerar inclusive prejuízos.

Mesmo tendo resultados modestos, algumas ações foram consideradas positivas tendo em vista seu baixíssimo custo, como mensagens de texto que serviam para induzir a uma mudança de comportamentos entre estudantes e familiares. Um exemplo disso pôde ser percebido e avaliado durante a pandemia no Brasil, quando alunos de ensino médio em Goiás passaram a receber mensagens de texto motivando-os a permanecerem engajados nas tarefas enviadas pelos professores. Avaliação feita pelos pesquisadores Guilherme Lichand e Julien Christen (2020) mostra que essa ação ajudou a diminuir os riscos de evasão.

Por fim, as tecnologias mais promissoras identificadas na revisão de estudos internacionais foram aquelas que aprofundavam a conexão entre professores e alunos e facilitavam um diagnóstico dos problemas e das soluções de forma mais personalizada para cada estudante. Pode-se dizer que o grande segredo dessas intervenções não estava na tecnologia digital, mas, sim, na qualidade da pedagogia.

Outro debate reforçado pela pandemia é sobre o uso das avaliações. Como vimos ao longo de todo este livro, por muito tempo o sistema educacional brasileiro viu nesses instrumentos uma forma de selecionar aqueles que mereciam progredir daqueles que seriam punidos com reprovação. No momento em que alunos deixaram de ter, por força maior, acesso a oportunidades de aprendizagem adequadas nas escolas, muitos especialistas reforçaram que seria injusto definir por meio de um teste aqueles que passariam ou não de ano naquelas circunstâncias.

No contexto pós-pandemia, o argumento central aqui não é a favor ou contra a progressão continuada, mas, sim, o de que as avaliações precisam ser entendidas e utilizadas como ponto de partida para melhor diagnosticar as necessidades de cada aluno, de forma que os professores possam agir mais cedo para corrigir essas lacunas e buscar garantir a aprendizagem de todos. É uma mudança radical — e, sejamos realistas, nada simples de ser implementada — em relação à ideia de que as aulas devem ser dadas com o objetivo de preparar os estudantes para se saírem bem nas provas, que vão selecionar os que progredirão e os que ficarão retidos.

Não se deve esquecer, ainda, que o objetivo da escola, conforme consta inclusive de nossa Constituição Federal, é também o preparo para o exercício da cidadania. Apenas para ficar num exemplo de uma dimensão importante nesse aspecto, a Organização Mundial da Saúde divulgou no início da pandemia um alerta para o que ela definiu como infodemia, ou o "excesso de informações, algumas precisas e outras não, que tornam difícil encontrar fontes idôneas e orientações confiáveis quando se precisa".[75]

Ao longo de toda a crise provocada pela Covid-19, problemas já identificados antes — como as *fake news* e a polarização política agravada pelas dinâmicas de redes sociais — prejudicaram as estratégias de enfrentamento ao vírus justamente num momento em que a responsabilidade individual de todos com o bem comum era ainda mais necessária. Pois a capacidade de utilizar tecnologias digitais de forma crítica e ética; de argumentar com base em fatos, dados e informação confiáveis; ou de exercitar a empatia e o diálogo na resolução de conflitos são também competências esperadas que os estudantes desenvolvam na escola, de acordo com a nossa Base Nacional Comum Curricular.

Demografia favorável

No curto prazo, agir para recuperar prejuízos agravados pela pandemia é prioridade mundial. Mas, avançando um pouco mais no horizonte, é preciso estar atento a cenários que podem facilitar ou dificultar a busca por educação pública de qualidade para todos no Brasil.

Um dos fatores que jogam a favor é o fato de a atual geração de crianças ter pais de maior escolaridade. Em 1981, na população de 25 anos ou mais de idade, a média de anos de estudo era de apenas 3,8, o que significava, na época, que a maioria sequer havia com-

---

[75] Definição retirada do documento *Entenda a infodemia e a desinformação na luta contra a Covid-19*, elaborado pela Organização Pan-Americana de Saúde e pela Organização Mundial da Saúde. Disponível em: https://iris.paho.org/bitstream/handle/10665.2/52054/Factsheet-Infodemic_por.pdf?sequence=16. Acesso em: 1º abr. 2022.

pletado a 4ª série do primeiro grau (hoje 5º ano do fundamental). Em 2019, para essa mesma faixa etária, a média aumentou para 9,4, ou seja, a maioria hoje já concluiu ao menos todos os nove anos do fundamental, e quase a metade (49%) tem o médio completo. É certo que esses são indicadores ainda muito insatisfatórios em relação a nações desenvolvidas, mas essa melhoria na comparação entre gerações alimenta no longo prazo um círculo virtuoso: quanto mais expandimos a educação, mais teremos no futuro crianças cujos pais têm maior escolaridade. Como esse é um dos fatores que mais explica o desempenho escolar, isso significa que as crianças de hoje estão, ao menos sob esse aspecto, em condições mais favoráveis para aprender do que as do passado.

Além da maior escolaridade, outro fator relevante é que as famílias estão tendo também, em média, menos filhos. Isso facilita, tanto na esfera individual quanto na pública, um maior investimento por criança. E, graças a essa redução nas taxas de fecundidade — em boa parte explicada pelo aumento da escolarização feminina —, o total de nascimentos já está em queda no Brasil. A cada ano haverá, portanto, menos crianças em idade escolar. Em 2010, o grupo etário de zero a 19 anos representava 34% de todos os brasileiros. As projeções do IBGE indicam que esse percentual cairá de forma contínua e gradativa pelas próximas décadas, com a estimativa de que represente apenas 20% em 2060.[76]

No entanto, há também um risco envolvido nesse processo: o de a infância perder espaço nos orçamentos públicos devido à necessidade de se gastar mais com a aposentadoria e saúde de uma população envelhecida. Uma das saídas para escapar desse dilema está justamente na educação: para fazer frente aos desafios futuros,

---

[76] Projeções feitas em 2018. Disponíveis em: www.ibge.gov.br/estatisticas/sociais/populacao/9109-projecao-da-populacao.html?=&t=resultados. Acesso em: 1º abr. 2022.

precisaríamos usar essa janela de oportunidade para melhorar a qualidade do ensino e contribuir assim para o crescimento econômico. Apesar de alguns avanços recentes na educação, não se pode dizer, em geral, que estamos aproveitando bem isso, conforme argumenta José Eustáquio Diniz Alves em "Bônus demográfico no Brasil: do nascimento tardio à morte precoce pela Covid-19" (2020).

Peso do atraso

Olhando de uma perspectiva histórica, o atraso educacional brasileiro cobra um preço altíssimo nos dias de hoje. Ele não pode ser ignorado, mas tampouco deve ser entendido como incontornável. E há exemplos positivos dentro do Brasil a confirmarem isso. Estados como Ceará e Pernambuco ou redes municipais como a de Teresina (PI) apresentam atualmente indicadores educacionais superiores ou próximos da média do Sul e Sudeste, rompendo um padrão histórico de menor desenvolvimento do Nordeste em relação a essas regiões mais ricas.

A má notícia é que o caminho inverso também acontece: a trajetória nos últimos 20 anos verificada no Rio Grande do Sul e no Rio de Janeiro coloca essas duas unidades da Federação, que sempre estiveram entre as mais ricas do Império e da República, hoje mais próximas das médias do Nordeste do que das do Sul e Sudeste (Gois, 2021).

Para romper o ciclo de subdesenvolvimento histórico do Brasil na educação, precisamos obviamente construir melhores políticas públicas no presente. Esse processo será facilitado se — retomando um argumento central deste livro — ampliarmos nosso conhecimento coletivo sobre as causas do atraso histórico no setor. Diagnósticos produzidos a partir de imprecisas memórias individuais

O PONTO A QUE CHEGAMOS

não contribuirão para o salto desejado. Conforme afirma o educador português Antônio Nóvoa:

> Há um retraimento da memória coletiva da educação porque todo o discurso sobre a escola [...] se circunscreve aos limites das memórias individuais, à experiência e às vivências que cada um de nós transporta da sua infância e juventude. Vivemos, portanto, sem uma memória construída, o que nos leva a repetir, uma e outra vez, os mesmos diagnósticos e aplicar velhas soluções de sempre com a aparência de novidade. Como se cada geração só conseguisse mobilizar a sua própria memória, as suas próprias recordações e esquecimentos, abdicando assim de uma compreensão histórica dos fenômenos educativos. [Nóvoa, 2012:12]

Não podemos dizer hoje que a educação já seja, na prática, uma prioridade nacional. Mas, para essa tarefa de construção de melhores políticas públicas no presente, uma boa notícia é que a sociedade civil está mais organizada. A redemocratização do país, como visto no capítulo sobre este período, veio acompanhada do surgimento de novos atores, como associações representativas de secretários, especialistas, profissionais da área e organizações da sociedade civil que escolheram a educação como tema principal de sua atuação.

Nem sempre há concordância sobre os meios para atingirmos os objetivos desejados. Para além do argumento singelo de que educação é prioridade, há intensas disputas sobre os caminhos a serem trilhados. É natural da democracia, mas a construção de políticas de Estado que sobrevivam à troca de governos será fortalecida se formos capazes de construir mais consensos mínimos dentro do campo democrático. Em muitos tópicos, porém, antes disso precisaremos qualificar nossos dissensos, evitando a tentação de enxergar em apenas um grupo (em geral, aquele com o qual concordamos ou fazemos parte) o monopólio das boas intenções ou da competência para executar o diagnóstico e as ações corretas.

Novas fronteiras

Por fim, apesar de avanços recentes, é preciso ter consciência de que pagar a dívida educacional herdada dos séculos XIX e XX não será suficiente para avançar ante os desafios do século XXI. No livro *In search of deeper learnging: the quest to remake the American high school* ("Em busca da aprendizagem profunda: a missão de refazer o ensino médio americano", em tradução livre), Jal Mehta e Sarah Fine citam pesquisas com grandes empregadores que listaram, em épocas distintas, quais eram as competências mais valorizadas no mercado de trabalho. Em 1970, as respostas mais comuns foram leitura, escrita e aritmética. Em 2015, passaram a ser pensamento crítico, capacidade de resolver problemas complexos e criatividade.

O debate sobre a necessidade de mudanças na escola não é novo e tampouco deve estar restrito às demandas do mercado de trabalho. Vários educadores ao longo do século XX criticaram a ideia de uma educação excessivamente baseada na transmissão de conteúdos (nos termos de Freire, apenas para citar um dos mais relevantes, a "educação bancária").

O livro de Mehta e Fine é resultado de uma pesquisa feita em 30 escolas de ensino médio dos Estados Unidos tidas como inovadoras. Ao acompanharem o trabalho dos professores, os autores perceberam que mesmos nesses colégios eram poucas as situações em que os alunos eram realmente tratados como produtores de conhecimento, ou seja, "pessoas capazes de oferecer interpretações, resolver problemas e desenvolver produtos de valor" (Mehta e Fine, 2019:364).

Nas salas de aula onde era possível observar essas características, os pesquisadores perceberam que os professores viam o fracasso não como algo a ser evitado, mas como parte necessária do aprendizado. Eram profissionais que conseguiam também romper o que os autores chamam de falsa dicotomia entre a alegria de estudar e o rigor no aprendizado. Havia menos amplitude na quantidade de temas a serem tratados, mas muito mais profundidade naqueles mais relevantes.

Novos desafios dos tempos atuais também impõem uma constante reflexão sobre os grandes objetivos dos sistemas educacionais. Um relatório divulgado pela Unesco em 2022, fruto de um trabalho da Comissão Internacional sobre os Futuros da Educação, ressaltava, por exemplo, a importância de um novo contrato social:

> Durante o século XX, a educação pública visava, essencialmente, a apoiar os esforços nacionais de cidadania e desenvolvimento por meio da escolarização obrigatória para crianças e jovens. Atualmente, no entanto, enquanto enfrentamos graves riscos para o futuro da humanidade e para a própria vida no planeta, devemos urgentemente reinventar a educação para nos ajudar a enfrentar os desafios comuns. Esse ato de reimaginar significa trabalharmos juntos para criar futuros compartilhados e interdependentes. [UNESCO, 2022: xii]

Para o bem ou para o mal, sistemas educacionais costumam reagir a mudanças profundas com grande resiliência. O termo passou a ser usado em sentido figurado como uma característica positiva de pessoas que conseguem superar adversidades. Mas, no conceito original utilizado pela física, trata-se da propriedade que alguns corpos apresentam de retornar à forma original após terem sido submetidos a uma deformação elástica.[77] Transformar a educação

---

[77] Conforme definição do dicionário *Oxford Languages*. Disponível em: https://languages.oup.com/google-dictionary-pt/.

não é uma tarefa simples. Heranças do passado, culturas arraigadas e a complexidade para fazer funcionar a contento um sistema que depende de múltiplos atores e variáveis para ser bem-sucedido requer grande esforço de convencimento, capacitação e desenho de políticas públicas coerentes e sustentáveis ao longo do tempo.

O saldo histórico brasileiro é de mais fracassos do que acertos. Porém, assim como nas salas de aula mais inovadoras, reconhecer e aprender com os erros é parte fundamental do esforço para avançar e finalmente cumprir a promessa, feita há 200 anos, de oferecer aos "cidadãos de todas as classes" uma educação pública que promova o desenvolvimento e o bem-estar de todos. Sem exceção.

Referências

ABRUCIO, F. L.; SEGATTO, C. I. *Desafios da profissão docente*: experiência internacional e o caso brasileiro. São Paulo: Moderna, 2021. Disponível para download gratuito em: mod.lk/docente.

ADERMON, Adrian; LINDAHL, Mikael; PALME, Mårten. Dynastic human capital, inequality, and intergenerational mobility. *American Economic Review*, v. 111, n. 5, 2021, p. 1.523-1.548.

AKHTARI, Mitra; MOREIRA, Diana; TRUCCO, Laura. Political turnover, bureaucratic turnover, and the quality of public services. *American Economic Review*, v. 112, n. 2, 2022, p. 442-93.

ALAVARSE, Ocimar Munhoz. A organização do ensino fundamental em ciclos: algumas questões. *Revista Brasileira de Educação*, v. 14, 2009, p. 35-50.

ALMEIDA, Jane Soares de. Mulheres na educação: missão, vocação e destino? A feminização do magistério ao longo do século XX. In: SAVIANI, Demerval et al. *O legado educacional do século XX no Brasil.* Campinas, SP: Editores Associados, 2017.

ALVES, José Eustáquio Diniz. Bônus demográfico no Brasil: do nascimento tardio à morte precoce pela Covid-19. *Revista Brasileira de Estudos de População*, v. 37, 2020.

ALVES FILHO, Aluizio. *Manoel Bomfim*: combate ao racismo, educação popular e democracia radical. São Paulo: Expressão Popular, 2008.

AMÂNCIO, Thiago; PINHO, Angela. Alunos de elite do Brasil têm performance pior em leitura do que pobres de outros países. *Folha de S.Paulo*, 3 dez. 2019. Disponível em: www1.folha.uol.com.br/educacao/2019/12/alunos-de-elite-do-brasil-tem-performance-

-pior-em-leitura-do-que-pobres-de-outros-paises.shtml. Acesso em: 1º abr. 2022.

ANUÁRIO brasileiro da educação básica 2021. São Paulo: Moderna, 2021.

AVELAR, Idelber. Frase de presidente ecoa mito do branqueamento na Argentina que apaga indígenas e negros. *Folha de S.Paulo*, 19 jun. 2021. Disponível em: www1.folha.uol.com.br/ilustrissima/2021/06/frase-de-presidente-ecoa-mito-do-branqueamento-na-argentina-que--apaga-indigenas-e-negros.shtml. Acesso em: 1º abr. 2022.

AZEVEDO, Fernando de et al. *Manifestos dos pioneiros da Educação Nova (1932) e dos educadores (1959)*. Recife: Fundação Joaquim Nabuco; Editora Massangana, 2010.

BARBOSA, A. L. N. H.; COSTA, Joana Simões de Melo. Oferta de creche e participação das mulheres no mercado de trabalho no Brasil. *Mercado de Trabalho–Conjuntura e Análise*, v. 23, 2017, p. 23-35.

BARBOSA, Rui. *Obras completas de...* Vol. X, 1883, Tomo I, Reforma do ensino primário. Rio de Janeiro: Ministério da Educação e Saúde, 1947.

BARTHOLO, Tiago Lisboa et al. What do children know upon entry to pre-school in Rio de Janeiro? *Ensaio*: Avaliação e Políticas Públicas em Educação, v. 28, n. 107, 2020, p. 292-313.

_____; COSTA, Marcio da. Turnos e segregação escolar: discutindo as desigualdades intraescolares. *Cadernos de Pesquisa* [on-line], v. 44, n. 153, 2014, p. 670-692.

BASTOS, Maria Helena Câmara. O ensino monitorial/mútuo no Brasil (1827-1854). In: STEPHANOU, Maria; BASTOS, Maria Helena Câmara (Org.). *Histórias e memórias da educação no Brasil*. 2005. Petrópolis: Vozes, 2005. v. 2, p. 34-51.

BEISIEGEL, Celso de Rui. Ação política e expansão das redes de ensino: os interesses eleitorais do deputado estadual e a democratização do ensino secundário no estado de São Paulo. *Pesquisa e Planejamento*, Revista do Centro Regional de Pesquisas Educacionais "Prof. Queiroz Filho", n. 8, dez. 1964, p. 99-198.

BIELSCHOWSKY, Carlos Eduardo. Tendências de precarização do ensino superior privado no Brasil. *Revista Brasileira de Política e Ad-*

REFERÊNCIAS

ministração da Educação — Periódico científico editado pela Anpae, v. 36, n. 1, 2020, p. 241-271.

_____; BUCCI, Maria Paula Dallari. Qual o problema dos cursos de direito a distância? *Jota*, 13 out. 2021. Disponível em: www.jota.info/opiniao-e-analise/artigos/qual-o-problema-dos-cursos-de-direito-a--distancia-13102021. Acesso em: 1º abr. 2022.

BIRDSALL, Nancy; BRUNS, Barbara; SABOT, Richard H. Education in Brazil: playing a bad hand badly. In: BIRDSALL, Nancy; SABOT, Richard H. *Opportunity foregone*: education in Brazil. Washington, DC: The Johns Hopkins University Press, 1996, p. 7-47.

BOTELHO, Fernando; MADEIRA, Ricardo A.; RANGEL, Marcos A. Racial discrimination in grading: evidence from Brazil. *American Economic Journal: Applied Economics*, v. 7, n. 4, 2015, p. 37-52.

BRASIL. *Decreto-Lei nº 4.244, de 9 de abril de 1942*.

_____. Ministério da Educação. Secretaria de Alfabetização. *PNA Política Nacional de Alfabetização*. Brasília: MEC; Sealf, 2019.

_____. Secretaria de Educação Fundamental. *Parâmetros curriculares nacionais*: introdução aos parâmetros curriculares nacionais. Brasília: MEC/SEF, 1997.

BRUNS, Barbara; LUQUE, Javier. *Professores excelentes*: como melhorar a aprendizagem dos estudantes na América Latina e Caribe. s.l.: s.n., 2015.

CAFARDO, Renata; PALHARES, Isabela. Escolas privadas de elite do Brasil superam Finlândia; no Pisa rede pública vai pior do que Peru. *O Estado de S. Paulo*, 4 dez. 2019. Disponível em https://educacao.estadao.com.br/noticias/geral,escolas-privadas-de-elite--do-brasil-superam-finlandia-no-pisa-rede-publica-vai-pior-do--que-peru,70003112767. Acesso em: 1º abr. 2022.

CAIN, Victoria E. M.; LAATS, Adam. A history of technological hype. *Phi Delta Kappan*, v. 102, n. 6, 2021, p. 8-13. Disponível em: https://bit.ly/3ngNr54. Acesso em: jan. 2022.

CAMPOS, Paulo de Almeida. Seminário regional sobre planos e programas da escola primária. *Revista Brasileira de Estudos Pedagógicos*, Rio de Janeiro, ed. 64, 1956, p. 73-93.

CAPOVILLA, Alessandra Gotuzo Seabra et al. *Alfabetização*: método fônico. São Paulo: Memnon, 2004.

CARIELLO, Rafael; PEREIRA, Thales Zamberlan. A crise inaugural. *Piauí*, ed. 181, out. 2021.

CARNOY, Martin; GOVE, Amber K.; MARSHALL, Jeffery H. *A vantagem acadêmica de Cuba*: por que seus alunos vão melhor na escola. São Paulo: Ediouro, 2009

CARVALHO, José Murilo de. José Murilo de Carvalho: um antídoto contra a bestialização republicana. *Pesquisa Fapesp*, ed. 115, set. 2005. Disponível em: https://revistapesquisa.fapesp.br/um-antidoto--contra-a-bestializacao-republicana/. Acesso em: 1º abr. 2022.

CAVENAGHI, S. M.; ALVES, José Eustáquio Diniz. A dinâmica da fecundidade no Rio de Janeiro: 1991-2000. In: SEMINÁRIO TEN-DÊNCIAS DA FECUNDIDADE E DIREITOS REPRODUTI-VOS NO BRASIL, 2004, Belo Horizonte. v. 1.

CERQUEIRA, Daniel Ricardo de Castro et al. *Indicadores multidimensionais de educação e homicídios nos territórios focalizados pelo Pacto Nacional pela Redução de Homicídios*. Brasília, DF: Inep, 2016, p. 52-52.

COHEN, D. K.; MEHTA, J. D. Why reform sometimes succeeds: understanding the conditions that produce reforms that last. *American Educational Research Journal*, 2017

COLEMAN, James S. et al. *Equality of educational opportunity*. Washington: US Government Printing Office, 1966.

COLISTETE, Renato Perim. *O atraso em meio à riqueza*: uma história econômica da educação primária em São Paulo, 1835 a 1920. Tese (doutorado) — Universidade de São Paulo, São Paulo, 2016.

CORREA, E. V.; BONAMINO, A.; SOARES, T. M. Evidências do efeito da repetência nos primeiros anos escolares. *Estudos em Avaliação Educacional*, v. 25, n. 59, 2014, p. 242-269.

CRUZ, Louisee; LOUREIRO, André. *Alcançando um nível de educação de excelência em condições socioeconômicas adversas*: o caso de Sobral. World Bank Group (Education), 2020.

REFERÊNCIAS

CUNHA, Luiz Antônio. Ensino superior e universidade no Brasil. In: LOPES, Eliane Marta Teixira; FARIA FILHO, Luciano Mendes de; VEIGA, Cynthia Greive (Org.). *500 anos de educação no Brasil*. Belo Horizonte: Autêntica, 2011, p. 151-204.

_____; DE GÓES, Moacyr. *O golpe na educação*. Rio de Janeiro: Zahar, 1986.

CURI, Andréa Zaitune et al. Mensalidade escolar, background familiar e os resultados do exame nacional do ensino médio (Enem). *Pesquisa e Planejamento Econômico — PPE*, v. 43, n. 2, 2013, p. 223-254.

CURY, Carlos Roberto Jamil. A educação como desafio na ordem jurídica. In: LOPES, Eliane Marta Teixira; FARIA FILHO, Luciano Mendes de; VEIGA, Cynthia Greive (Org.). *500 anos de educação no Brasil*. Belo Horizonte: Autêntica, 2011. p. 567-584.

_____. A educação nas constituições brasileiras. In: STEPHANOU, Maria; BASTOS, Maria Helena Câmara (Org.). *Histórias e Memórias da Educação no Brasil*. Petrópolis: Vozes, 2005, v. 3, p. 17-28.

DARLING-HAMMOND, Linda. A importância da formação docente. *Cadernos Cenpec*, Nova série, v. 4, n. 2, 2015, p. 230-246.

DE BARROS, Ricardo Paes et al. *Consequências da violação do direito à educação*. Rio de Janeiro: Autografia, 2021.

EARP, Maria de Lourdes Sá. *A cultura da repetência*. Curitiba: Appris, 2021

ELACQUA, Gregory et al. *Profissão professor na América Latina*: por que a docência perdeu prestígio e como recuperá-lo? Washington, DC: Inter-American Development Bank, 2018.

ELIS, Roy. Redistribution under oligarchy: trade, regional inequality and the origins of public schooling in Argentina, 1862-1912. Tese (doutorado) — Department of Political Science, Stanford University, Palo Alto (CA), 2011.

ESCUETA, Maya et al. *Education technology*: an evidence-based review. Cambridge: National Bureau of Economic Research, 2017.

FARIA FILHO, Luciano Mendes de et al. A história da feminização do magistério no Brasil: balanço e perspectivas de pesquisa. In: PEIXOTO, Anamaria Casassanta; PASSOS, Mauro. *A escola e seus atores*: educação e profissão docente. Belo Horizonte: Autêntica, 2005, p. 53-87.

FERNALD, A.; MARCHMAN, V. A.; WEISLEDER, A. SES differences in language processing skill and vocabulary are evident at 18 months. *Developmental Science*, v. 16, n. 2, 2013, p. 234-248.

FERNANDES, Reynaldo et al. A influência da redução da repetência sobre o desempenho escolar futuro. In: _____ (Org.). *Políticas públicas educacionais e desempenho escolar dos alunos da rede pública de ensino*. Ribeirão Preto, SP: Funpec, 2014.

FERRÃO, M. E.; COSTA, P. M.; MATOS, D. A. S. The relevance of the school socioeconomic composition and school proportion of repeaters on grade repetition in Brazil: a multilevel logistic model of PISA 2012. *Large-scale Assess Educ*, v. 5, n. 7, 2017, p. 1-13.

FERRARO, Alceu Ravanello. *História inacabada do analfabetismo no Brasil*. São Paulo: Cortez, 2009.

FERRAZ, Claudio. Em busca da qualidade e da quantidade na educação. *Nexo*, 26 jun. 2019. Disponível em: www.nexojornal.com.br/colunistas/2019/Em-busca-da-qualidade-e-da-quantidade-na-educação. Acesso em: 2 abr. 2022.

FERREIRA, Pedro Américo de Almeida. The historical origins of development: railways, agrarian elites, and economic growth in Brazil. Tese (doutorado) – Pontifícia Universidade Católica do Rio de Janeiro, Rio de Janeiro, 2020.

FONTANIVE, Nilma et al. A alfabetização de crianças de 1º e 2º ano do ensino fundamental de 9 anos: uma contribuição para a definição de uma Matriz de Competências e Habilidades de leitura, escrita e matemática. *Ensaio*: Avaliação e Políticas Públicas em Educação, v. 18, n. 68, 2010, p. 527-548.

FRAGA, Érica; BRIGATTI, Fernanda. No Brasil, chance de filho repetir baixa escolaridade do pai é o dobro dos EUA. *Folha de S.Paulo*, 27 mar. 2021. Disponível em: www1.folha.uol.com.br/mercado/2021/03/no-brasil-chance-de-filho-repetir-baixa-escolaridade-do-pai-e-o--dobro-dos-eua.shtml. Acesso em: 2 abr. 2022.

REFERÊNCIAS

FRANKEMA, Ewout Hielke Pieter. *The historical evolution of inequality in Latin America*: a comparative analysis, 1870-2000. Enschede: University of Groningen, 2008.

FREITAS, M. A. Teixeira. *O ensino primário brasileiro no decênio 1932-1941*. Rio de Janeiro: Serviço Gráfico do Instituto Brasileiro de Geografia e Estatística, 1946.

FUNDAÇÃO LEMANN. *As desigualdades na educação no Brasil*: o que apontam os diretores das escolas. 2017. Disponível em: https://fundacaolemann.org.br/releases/pesquisa-inedita-mapeia-mais-de-duas-mil-escolas. Acesso em: 2 abr. 2022.

FUNDAÇÃO TIDE SETÚBAL; ONG TRANSPARÊNCIA BRASIL. *Professores e territórios* — diferenças salariais e as desigualdades na educação. 2021. Disponível em: https://fundacaotidesetubal.org.br/wp-content/uploads/2021/06/ProfessoreseTerritorios-Publicacao-vFINAL.pdf. Acesso em: 2 abr. 2022.

GATTI, Bernardete A. Formação de professores no Brasil: características e problemas. *Educação & Sociedade*, v. 31, n. 113, p. 1355-1379, 2010.

_____ et al. *Professores do Brasil*: novos cenários de formação. Brasília, DF: Unesco, 2019.

GERMANO, José Willington. *Estado militar e educação no Brasil: 1964/1985*: um estudo sobre a política educacional. São Paulo: Cortez, 1990.

GHIRALDELLI JR., Paulo. *História da educação brasileira*. São Paulo: Cortez, 2005.

GOIS, Antônio. Acesso é desigual a cursos. *O Globo*, Rio de Janeiro, Disponível em: https://blogs.oglobo.globo.com/antonio-gois/post/acesso-e-desigual-cursos.html. Acesso em: 2 abr. 2022.

_____. Padrão de desigualdade regional está mudando no país. *O Globo*, 9 ago. 2021. Disponível em: https://blogs.oglobo.globo.com/antonio-gois/post/padrao-da-desigualdade-regional-esta-mudando-no-pais.html. Acesso em: 2 abr. 2022.

_____. *Quatro décadas de gestão educacional no Brasil*: políticas públicas do MEC em depoimentos de ex-ministros. São Paulo: Fundação Santillana, 2018. Entrevista disponível em vídeo no site do Observatório de Educação do Instituto Unibanco.

_____. Turmas de pior desempenho têm maiores chances de terem professores temporários e de menor experiência. 23 ago. 2018. Disponível em: https://idados.id/turmas-de-pior-desempenho-tem-maiores-chances-de-terem-professores-temporarios-e-de-menor-experiencia/. Acesso em: 2 abr. 2022.

GONDRA, José Gonçalves; Alessandra Schueler. *Educação, poder e sociedade no Império brasileiro*. São Paulo: Cortez, 2008.

GOUVEIA, Aparecida. Professores do estado do Rio. *Revista Brasileira de Estudos Pedagógicos*, Rio de Janeiro, ed. 67, p. 30-63, 1957.

GUALTIERI, Regina C. Ellero; LUGLI, Rosário Genta. *A escola e o fracaso escolar*. São Paulo: Cortez, 2012.

HANUSHEK, Eric A.; PIOPIUNIK, M.; WIEDERHOLD, S. Do smarter teachers make smarter students? International evidence on teacher cognitive skills and student performance. *Education Next*, v. 19, n. 2, p. 56-64, 2019.

_____; WOESSMANN, Ludger. *The high cost of low educational performance*: the long-run economic impact of improving Pisa outcomes. OECD Publishing, 2010.

HATTIE, John. *Visible learning for teachers*: maximizing impact on learning. Abingdon: Routledge, 2012.

HECKMAN, James J.; KARAPAKULA, Ganesh. *Intergenerational and intragenerational Externalities of the Perry preschool Project*. Cambridge, MA: National Bureau of Economic Research, 2019.

IBGE. *Perfil dos municípios brasileiros*: 2018. Rio de Janeiro: IBGE, 2019.

INEP. *Censo da educação básica 2021*. Brasília, DF: Inep, 2021.

_____. Mapa do analfabetismo no Brasil. s.d. Disponível em: https://download.inep.gov.br/publicacoes/institucionais/estatisticas_e_indicadores/mapa_do_analfabetismo_do_brasil.pdf. Acesso em: 2 abr. 2022.

REFERÊNCIAS

IPEA. *Educação, juventude, raça/cor*. 2008. Disponível em: http://repositorio.ipea.gov.br/bitstream/11058/5522/1/Comunicado_n12_PNAD_educação.pdf. Acesso em: 2 abr. 2022.

JACKSON, C. Kirabo; JOHNSON, Rucker C.; PERSICO, Claudia. *The effects of school spending on educational and economic outcomes*: evidence from school finance reforms. Cambridge, MA: National Bureau of Economic Research, 2015.

_____; MACKEVICIUS, Claire. *The distribution of school spending impacts*. Cambridge, MA: National Bureau of Economic Research, 2021.

JACOMINI, Márcia Aparecida. A escola e os educadores em tempo de ciclos e progressão continuada: uma análise das experiências no estado de São Paulo. *Educação e Pesquisa*, v. 30, 2004, p. 401-418.

KANG, Thomas Hyeono; PAESE, Luís Henrique Z.; FELIX, Nilson FA. Late and unequal: measuring enrolments and retention in Brazilian education, 1933-2010. *Revista de Historia Economica — Journal of Iberian and Latin American Economic History*, v. 39, n. 2, 2021, p. 191-218.

_____. *Instituições, voz política e atraso educacional no Brasil, 1930-1964*. Tese (doutorado) — Universidade de São Paulo, São Paulo, 2010.

_____. *The political economy of education under military rule in Brazil, 1964-1985*. Tese (doutorado) — Programa de Pós-Graduação em Economia, Faculdade de Ciências Econômicas, Universidade Federal do Rio Grande do Sul, Porto Alegre, 2019.

KLEIN, Ruben; RIBEIRO, Sergio C. A pedagogia da repetência ao longo das décadas. *Ensaio*: Avaliação e Políticas Públicas em Educação, v. 3, n. 6, 1995, p. 55-62.

KOSACK, Stephen. *The education of nations*: how the political organization of the poor, not democracy, led governments to invest in mass education. Nova York: Oxford University Press, 2012.

KOSLINSKI, Mariane Campelo; CARVALHO, Julia Tavares de. Escolha, seleção e segregação nas escolas municipais do Rio de Janeiro. *Cadernos de Pesquisa* [on-line], v. 45, n. 158, 2015, p. 916-942.

LEITHWOOD, Kenneth et al. *How leadership influences student learning*: a review of research for the learning from leadership project. Nova York: The Wallace Foundation, 2004.

LENCASTRE, P. A. O Dia do Professor. *Folha da Manhã*, 14 out. 1951, p. 6.

LICHAND, Guilherme; CHRISTEN, Julien. *Using nudges to prevent student dropouts in the pandemic*. 2020. Disponível em: https://arxiv. org/pdf/2009.04767v1.pdf. Acesso em: 2 abr. 2022.

LINDERT, Peter H. *Growing public*: Volume 1, The story: Social spending and economic growth since the eighteenth century. Cambridge: Cambridge University Press, 2004.

LOUZANO, P. et al. Quem quer ser professor? Atratividade, seleção e formação do docente no Brasil. *Estudos em Avaliação Educacional*, v. 21, n. 47, 2010, p. 543-568.

LUZ, Luciana Soares. *O impacto da repetência na proficiência escolar*: uma análise longitudinal do desempenho de repetentes em 2002-2003. Dissertação (mestrado) — Centro de Desenvolvimento e Planejamento Regional, Faculdade de Ciências Econômicas, Universidade Federal de Minas Gerais, Belo Horizonte, 2008.

MADURO JUNIOR, Paulo Rogério Rodrigues. *Taxas de matrícula e gastos em educação no Brasil*. Dissertação (mestrado) — Fundação Getulio Vargas, Rio de Janeiro, 2007.

MANDELERT, Diana. Reprovação em escolas de prestígio. *Estudos em Avaliação Educacional*, v. 23, n. 53, 2012, p. 222-249.

MARCÍLIO, Maria Luiza. *História da escola em São Paulo e no Brasil*. São Paulo: Imprensa Oficial do Estado de São Paulo; Institut Fernand Braudel, 2005.

REFERÊNCIAS

MARISCAL, Elisa; SOKOLOFF, Kenneth L. Schooling, suffrage, and the persistence of inequality in the Americas, 1800-1945. *Political institutions and economic growth in Latin America*: Essays in policy, history, and political economy. Stanford, CA: Stephen Haber; Hoover Institution Press, 2000, p. 159-218.

MARQUES, Eduardo Cesar Leão. As redes sociais importam para a pobreza urbana? *Dados*, Rio de Janeiro, v. 52, n. 2, 2009, p. 471-505.

MCKNINSEY. *McKinsey report*. How the world's best-performing school systems come out on top. 2007. Disponível em: www.mckinsey.com/industries/education/our-insights/how-the-worlds-best-performing--school-systems-come-out-on-top. Acesso em: 2 abr. 2022.

MELCHIOR, José Carlos de Araújo. Financiamento da educação no Brasil numa perspectiva democrática. *Cadernos de Pesquisa*, n. 34, 1980, p. 39-83.

MENEZES-FILHO, N.; VASCONCELLOS, L.; WERLANG, S. Avaliando o Impacto da Progressão Continuada no Brasil. São Paulo: Fundação Itaú Social, 2005.

MEHTA, Jal; FINE, Sarah. *In search of deeper learning*. Harvard University Press, 2019.

MORICONI, Gabriela Miranda; GIMENES, Nelson Antonio Simão; LEME, Luciana França. *Volume de trabalho dos professores dos anos finais do ensino fundamental*: uma análise comparativa entre Brasil, Estados Unidos, França e Japão. Ribeirão Preto, SP: D3E, 2021. (Relatório de políticas educacionais; 8). PDF.

MÜLLER, Vinícius. *Educação básica, financiamento e autonomia regional*: Pernambuco, São Paulo e Rio Grande do Sul (1850-1930). São Paulo: Alameda, 2017.

NOGUEIRA FILHO, Olavo. *Pontos fora da curva*: por que algumas reformas educacionais são mais efetivas do que outras e o que isso significa para o futuro da educação básica brasileira. Rio de Janeiro: FGV Editora, 2022.

_____. *Reformas educacionais de terceira geração e sua efetividade*: o debate teórico à luz dos casos cearense e pernambucano. Dissertação (mestrado profissional em gestão e políticas públicas) — Escola de Administração de Empresas de São Paulo, Fundação Getulio Vargas, São Paulo, 2021.

NÓVOA, Antônio. Por que a história da educação. In: STEPHANOU, Maria; BASTOS, Maria Helena Câmara (Org.). *Histórias e memórias da educação no Brasil*. Petrópolis: Vozes, 2012, v. III, p. 9-13.

NUNES, Clarice. (Des)encantos da modernidade pedagógica. In: LOPES, Eliane Marta Santos Teixeira; DE FARIA FILHO, Luciano Mendes; VEIGA, Cynthia Greive (Ed.). *500 anos de educação no Brasil*. Belo Horizonte: Autêntica, 2011, p. 371-398.

O ESTADO DE S. PAULO. 21 out. 1962, p. 91.

OCDE. *Education at a glance*. Paris: OCDE, 2021.

_____. *Effective teacher policies*: insights from Pisa. Paris: OCDE Publishing, 2018.

_____. How is equity in resource allocation related to student performance? *Pisa in Focus*, Paris, n. 44, 2014.

_____. *Pisa 2018 results (Volume V): Effective policies, successful schools*, Pisa. Paris, OECD Publishing, 2020.

_____. *Talis 2018 results (volume I)*: Teachers and school leaders as lifelong learners. Paris: OCDE, 2018.

OLIVEIRA, Romualdo Portela de. *Estado e política educacional no Brasil*: desafios do século XXI. São Paulo: Departamento de Economia e Administração Escolar, Faculdade de Educação, Universidade de São Paulo, 2006.

ORGANIZAÇÃO PAN-AMERICANA DE SAÚDE; ORGANIZAÇÃO MUNDIAL DA SAÚDE. *Entenda a infodemia e a desinformação na luta contra a Covid-19*. Disponível em: https://iris.paho.org/bitstream/handle/10665.2/52054/Factsheet-Infodemic_por.pdf?sequence=16. Acesso em: 4 abr. 2022.

REFERÊNCIAS

PAGLAYAN, Agustina Selvi. *Political origins of public education systems.* Tese (doutorado) — Stanford University, Palo Alto (CA), 2017.

PASSARINHO Jarbas. A educação em debate. Pronunciamento na reunião conjunta das Comissões de Educação e Cultura do Senado Federal e da Câmara dos Deputados. 25 out. 1973. Disponível em: www.dominiopublico.gov.br/download/texto/me002046.pdf. Acesso em: 2 abr. 2022.

PATTO, Maria Helena Souza. A produção do fracasso escolar: histórias de submissão e rebeldia. São Paulo: T. A. Queiroz, 1996.

PEREIRA, Luciene; SANTOS, Cezar. Casamentos seletivos e desigualdade de renda no Brasil". *Revista Brasileira de Economia*, v. 71, 2017, p. 361-277.

PEREIRA, Luiz. *O magistério primário numa sociedade de classes.* São Paulo: Livraria Pioneira, 1969.

PLANK, David Nathan. *Política educacional no Brasil*: caminhos para a salvação pública. Porto Alegre: Artmed, 2001.

RABELO, R. P.; CAVENAGHI, S. M. Indicadores educacionais para formação de docentes: uso de dados longitudinais. *Estudos em Avaliação Educacional*, v. 27, n. 66, 2021, p. 816-850.

RIBEIRO, Maria Luísa Santos. *História da educação brasileira*: a organização escolar. São Paulo: Autores Associados, 2021.

RIBEIRO, Sérgio Costa. A pedagogia da repetência. *Estudos Avançados*, São Paulo, v. 5, 1991, p. 7-21.

ROMANELLI, Otaíza de Oliveira. *História da educação no Brasil.* Rio de Janeiro: Vozes, 1978.

ROSA, Leonardo et al. The effects of public high school subsidies on student test scores: the case of a full-day high school in Pernambuco, Brazil. *Economics of Education Review*, v. 87, 2022.

SALOMÃO, Luciano; MENEZES-FILHO, Naercio. *Um novo índice de qualidade da educação básica e seus efeitos sobre os homicídios, educação e emprego dos jovens brasileiros.* Insper, 2022. Disponível em: www.

insper.edu.br/wp-content/uploads/2022/03/policy-paper-natura-final.pdf. Acesso em: 4 abr. 2022.

SANTOS, Lays R. B. M. M.; BARROS, Surya A. P. Estado da arte da produção sobre história da educação: o negro como sujeito na história da educação brasileira. In: SEMINÁRIO NACIONAL DE ESTUDOS E PESQUISAS "HISTÓRIA, SOCIEDADE E EDUCAÇÃO NO BRASIL", IX, jul./ago. 2012, João Pessoa. *Anais...* João Pessoa: Universidade Federal da Paraíba, 2012.

SAVIANI, Dermeval et al. *O legado educacional do século XIX*. São Paulo: Autores Associados, 2017.

SCHWARTZMAN, Simon; BOMENY, Helena Maria Bousquet; COSTA, Vanda Maria Ribeiro. *Tempos de Capanema*. São Paulo: Edusp; Paz e Terra, 1984.

SEBASTIAN, James; ALLENSWORTH, Elaine. Linking principal leadership to organizational growth and student achievement: a moderation mediation analysis. *Teachers College Record*, v. 121, n. 9, 2019, p. 1-32.

SENKEVICS, Adriano Souza. *O acesso, ao inverso*: desigualdades à sombra da expansão do ensino superior brasileiro, 1991-2020. Tese (doutorado) — Universidade de São Paulo, São Paulo, 2021.

SOARES, José Francisco; ALVES, Maria Teresa Gonzaga; FONSECA, José Aguinaldo. Trajetórias educacionais como evidência da qualidade da educação básica brasileira. *Revista Brasileira de Estudos de População*, v. 38, 2021, p. 1-21.

SOARES, Leôncio; GALVÃO, Ana Maria de Oliveira. Uma história da alfabetização de adultos no Brasil. In: STEPHANOU, Maria; BASTOS, Maria Helena Câmara (Org.). *Histórias e memórias da educação no Brasil*. Petrópolis: Vozes, 2005, v. 3, p. 257-277.

SOARES, Sergei et al. *Fim de uma era ou e agora, Maria?* Desafios para a atuação federal na educação básica. Texto para Discussão, 2021.

SPOSITO, Marília Pontes. *O povo vai à escola*. São Paulo: Loyola, 2001.

REFERÊNCIAS

TEIXEIRA, Anísio. A escola brasileira e a estabilidade social. *Revista Brasileira de Estudos Pedagógicos*, Rio de Janeiro, v. 28, n. 67, jul./ set. 1957, p. 3-29.

TOMAZELLI, Idiana. *O Estado de S. Paulo*, 25 nov. 2020. Disponível em: https://economia.estadao.com.br/noticias/geral,baixa-mobilidade-perpetua-pobreza-e-e-mais-grave-entre--negros-diz-estudo,70003526971?utm_source=estadao:twitter&utm_medium=link. Acesso em: 2 abr. 2022.

TORRECILLA, F. Javier Murillo; CARRASCO, Marcela Román. La distribución del tiempo de los directores de escuelas de educación primaria en América Latina y su incidencia en el desempeño de los estudiantes. *Revista de Educación*, Santiago de Chile, v. 361, 2013, p. 141- 170.

UNESCO. *Education for all global monitoring report 2008*. Paris: Unesco, 2008.

_____. *Reimaginar nossos futuros juntos*: um novo contrato social para a educação. Brasília. Comissão Internacional sobre os Futuros da Educação, UNESCO. Boadilla del Monte: Fundación SM, 2022.

USA. *Report of the national reading panel*: Teaching children to read: an evidence-based assessment of the scientific research literature on reading and its implications for reading instruction. Washington, DC: U.S. Dept. of Health and Human Services, Public Health Service, National Institutes of Health, National Institute of Child Health and Human Development, 2000.

VICENTINI, Paula Perin; LUGLI, Rosário Silvana Genta. *História da profissão docente no Brasil*: representações em disputa. São Paulo: Cortez, 2009.

VIEIRA, Leonardo; VANINI, Eduardo; GOIS, Antônio. Elite educacional do Brasil também fica entre as piores no Pisa 2012. *O Globo*, Rio de Janeiro 9 dez. 2013. Disponível em: https://oglobo.globo.com/brasil/educacao/elite-educacional-do-brasil-tambem-fica-entre-as--piores-no-pisa-2012-11010240. Acesso em: 2 abr. 2014.

VILLELA, Heloisa de Oliveira Santos. O mestre-escola e a professora. In: LOPES, Eliane Marta Teixira; FARIA FILHO, Luciano Mendes de; VEIGA, Cynthia Greive (Org.). *500 anos de educação no Brasil.* Belo Horizonte: Autêntica, 2011, p. 79-134.

_____. Do artesanato à profissão: representações sobre a institucionalização da formação docente no século XIX. In: STEPHANOU, Maria; BASTOS, Maria Helena Câmara (Org.). *Histórias e memórias da educação no Brasil.* 2005, v. 2, p. 104-115.

WEREBE, Maria José Garcia. *Grandezas e misérias do ensino brasileiro.* São Paulo: Difusão Europeia do Livro, 1963.

WINKLER, D. et al. *Brazil: finance of primary education.* A World Bank country study. Washington, DC, 1986.

WORLD BANK. *Brazil — issues in the secondary education: sector memorandum (english, portuguese).* Washington, DC: World Bank Group, 1989.